社会责任、
Social Responsibility,
价值共享与
Value Sharing and
治理之道
the Way to Governance

蔡洪滨 主编

图书在版编目(CIP)数据

社会责任、价值共享与治理之道/蔡洪滨主编. —北京:北京大学出版社,2013.5
(光华书系·论坛撷英)
ISBN 978-7-301-22441-0

Ⅰ.①社… Ⅱ.①蔡… Ⅲ.①中国经济-经济发展模式-研究 Ⅳ.①F120.3

中国版本图书馆 CIP 数据核字(2013)第 081420 号

书　　　名：社会责任、价值共享与治理之道
著作责任者：蔡洪滨　主编
策　划　编　辑：贾米娜
责　任　编　辑：姚大悦
标　准　书　号：ISBN 978-7-301-22441-0/F·3615
出　版　发　行：北京大学出版社
地　　　　址：北京市海淀区成府路 205 号　100871
网　　　　址：http://www.pup.cn
电　子　信　箱：em@pup.cn　　　QQ:552063295
新　浪　微　博：@北京大学出版社　@北京大学出版社经管图书
电　　　　话：邮购部 62752015　发行部 62750672　编辑部 62752926
　　　　　　　出版部 62754962
印　刷　者：北京大学印刷厂
经　销　者：新华书店
　　　　　　730 毫米×1020 毫米　16 开本　18 印张　211 千字　彩插 2
　　　　　　2013 年 5 月第 1 版　2013 年 5 月第 1 次印刷
定　　　价：45.00 元

未经许可,不得以任何方式复制或抄袭本书之部分或全部内容。
版权所有,侵权必究
举报电话:010-62752024　电子信箱:fd@pup.pku.edu.cn

时任毕节试验区专家顾问组组长的厉以宁教授在毕节考察时作专题报告

光华管理学院向贵州毕节大方县羊场镇陇公希望小学捐赠博雅图书室

光华管理学院与中华少年儿童慈善救助基金会联合举办关爱自闭症儿童慈善拍卖会

光华管理学院志教玉树团队

光华管理学院MBA湘西支教团

光华MBA、MPAcc联合会发起"心-信相连北川民族中学"活动

光华EMBA612班向北京SOS儿童村小朋友奉献爱心

光华青年志愿者协会主办的智障儿童手工艺义卖活动

丛书编委会

顾问

厉以宁

主编

蔡洪滨

编委（以姓氏笔画排列）

王 辉	刘玉珍	刘 学	刘 俏	江明华
吴联生	张一弛	张志学	张 影	李 其
李 琦	陈丽华	陈松蹊	陆正飞	周长辉
周黎安	武常岐	冒大卫	龚六堂	彭泗清
		滕 飞		

本书项目支持（以姓氏笔画排列）

马 力	王立彦	杨东宁	张圣平	张 炜
张佳利	张俊妮	金 李	姜万军	赵龙凯
		徐 峰		

丛书序言一

很高兴看到"光华书系"的出版问世,这将成为外界更加全面了解北京大学光华管理学院的一个重要窗口。北京大学光华管理学院从1985年北京大学经济管理系成立,到现在已经有26年了。这26年来,光华文化、光华精神一直体现在学院的方方面面,而这套"光华书系"则是学院各方面工作的集中展示。

多年来,北京大学光华管理学院始终处于中国经济改革研究与企业管理研究的前沿,致力于促进中国乃至全球管理研究的发展,培养与国际接轨的优秀学生和研究人员,帮助国有企业实现管理国际化,帮助民营企业实现管理现代化,同时,为跨国公司管理本地化提供咨询服务,从而做到"创造管理知识,培养商界领袖,推动社会进步"。北京大学光华管理学院的几届领导人都把这看做自己的使命。

作为经济管理学科的研究机构,北京大学光华管理学院的科研实力一直在国内处于领先位置。光华管理学院有一支优秀的教师队伍,这支队伍的学术影响在国内首屈一指,在国际上也发挥着越来越重要的作用,它推动着中国经济管理学科在国际前沿的研究和探索。与此同时,学院一直都在积极努力地将科研力量转变为推动社会进步的动力。从当年股份制的探索、证券市场的设计、《中华人民共和国证券法》的起草,到现在贵州毕节实验区的扶贫开发和生态建设、教育经费在国民收入中的合理比例、自然资源定价体系、国家高新技术开发区的规划,等等,都体现着光华管理学院的教师团队对中国经济改革与发展的贡献。

作为商学教育机构,北京大学光华管理学院鼓励教师深入商业实践,熟悉企业管理,提升案例教学的质量和层次。多年来,学院积累了大量有价值的案例,经过深入研究、精心编写,这些商业案例可以成为商学教育中宝贵的教学资源。学院每年举办大量讲座,讲座嘉宾很多是政界、商界和学界的精英,讲座内容涉及社会发展的方方面面。通过这些讲座,学生们可以最直接地得到名家大师的授业解惑,优化和丰富知识结构。

作为管理精英的汇聚中心,北京大学光华管理学院历届毕业、结业的校友一直是我们最引以为荣的。历届的优秀同学,在各自的岗位上做出贡献,他们是光华管理学院最宝贵的财富。光华管理学院这个平台的最大优势,也正是能够吸引一届又一届优秀的人才的到来。世界一流商学院的发展很重要的一点就是靠它们强大的校友资源,这一点,也是与北京大学光华管理学院的努力目标完全一致的。

今天,"光华书系"的出版正是北京大学光华管理学院全体师生和全体校友共同努力的成果。通过这套丛书,读者不仅能够读到经典教材和前沿学术成果,更可以通过名师、校友、讲座等方面感受光华风采。希望这套丛书能够向社会展示光华文化和精神的全貌,并为中国管理学教育的发展提供宝贵的经验。

2011 年 12 月

丛书序言二

光华管理学院秉承"百年北大"悠久的人文传统、深邃的学术思想和深厚的文化底蕴,在过去的二十多年里,一直践行"创造管理知识,培养商界领袖,推动社会进步"的学院使命,目前已经发展成为国内最为优秀的商学院之一。

北京大学的传统对于光华管理学院,乃至中国商学教育都很重要,学院一直秉承北京大学的传统,真正要办大学气质的商学院。我们将光华教育的特质归纳为四个"I",即 Integrity——诚信和责任;International——商界领袖的国际化视野;Integration——整合学习,理论实践相结合;Innovation——自主创新。

Integrity:北京大学作为中国传统名校,传承百年历史文化,有一个非常鲜明的特点,就是拥有浓厚的人文底蕴、民主科学精神,以及对社会的使命感和责任感。北京大学光华管理学院作为北京大学的商学院,是专门从事管理研究和教育的机构,将持续发扬北京大学的历史传统、人文精神,以及社会责任感和使命感。

International:光华是全国最国际化的商学院,师资是最国际化的,教育体系是最早跟国际接轨的。北京大学光华管理学院的国际化是扎根于中国的国际化。我们一方面在国际先进的管理知识和管理理念方面有着最前沿的成果,另一方面也很好地结合了中国的管理实践和经济发展。光华的师资和国际研究都很好地做到了这两个方面。根据国际权威研究统计机构的统计,北京大学的经济和商学学科,已进入世界前1%的行列。对此光华起了最主要的作用,这也反映了光华在国际研究方面作出的贡献。

Integration:商学院需要解决好两个整合的问题,一是将理论和实践很好地结合起来,二是学科之间的整合。对于理论和实践的整合,光华正致力于推动管理学理论向商业实践成果的转化。对于学科的整合,光华正在做的不仅是不同学科之间的融合,还在加强不同教育项目之间的配合。我们致力于调动和整合北京大学综合性的师资资源,将管理与历史、哲学、艺术、数学乃至物理等学科相结合,全方面塑造管理者的整体人文和科学素养。各个教育项目之间的互动也经常碰撞出新的思想火花,帮助光华学子们拓宽思想,带来新的视角。

Innovation:中国要成为具备创造力的国家,在世界上建立一个品牌和形象,必须发展自主创新文化。光华管理学院立足于北京大学,在整个中关村科技园大的氛围之下,光华的教学科研的国际合作能够成为自主创新生态环境的一部分。光华管理学院最近刚刚成立了北京大学光华管理学院创新创业中心,以这个中心为平台,致力于整合院内院外、校内校外、国内国外创业方面的资源,进一步推动自主创新。

为进一步超越自我,向着建设世界一流商学院的目标而不懈努力,北京大学光华管理学院特策划"光华书系"系列丛书,以展现光华管理学院在理论研究、教学实践、学术交流等方面的优秀成果。我们更希望通过"光华书系"的出版让更多的读者通过光华理解经济、管理与社会。

"光华书系"作为一个开放的系列,涵盖理论研究、教学实践、学

术交流等各个方面:

第一是领航学科的教材。光华管理学院的商学教育,拥有全国首屈一指的师资力量和最优秀的学生生源。在教学相长的过程中,很多经典讲义、教材应运而生。教材领航系列丛书要以"出教材精品,育商界英才"为宗旨,发挥优势,突出特色,重点建设涵盖基础学科的主干教材、填补学科空白的前沿教材、反映教学改革成果的新型教材,面向大教育,追求高品位,服务高等教育,传播先进文化。

第二是前沿的学术成果。光华管理学院始终处于中国经济发展与企业管理研究的前沿,学术琼林系列丛书以具有国内和国际影响力的管理学、经济学等相关学科的学术研究为支撑,运用国际规范的研究方法深入研究中国的经济和管理问题,体现更高的学术标准,展现学界领袖的优秀成果。

第三是丰富的实战案例。案例研究和教学作为一种不可替代的重要方法,有效解决了知识与实践转换的问题。在中国的相关政策不断改革的大背景下,各种有借鉴意义的素材越来越丰富。根据国外成熟的案例编写经验,开发和使用高水平的本土化案例,是一件意义深远的事。案例精粹系列丛书涵盖教学案例、研究案例、商业案例几大模块,体现本土化和原创性、理论主导性和典型性,将一般管理职能与行业、企业的特殊性相结合,既具有一定的理论深度,又具有相当程度的覆盖面和典型性。相信这些案例能够最有效地服务于教学要求、学术研究以及企业管理实践。

第四是卓越的教师风范。"善之本在教,教之本在师。"光华管理学院的优秀教师,秉承诲人不倦、育人为先的教学原则,以他们的学术实践最好地诠释了北京大学追求真理、追求卓越、培养人才、繁荣学术、服务人民、造福社会的办学理念,为北京大学赢得了崇高的学术声誉。名师风采系列丛书就是力图全面展现光华优秀教师精深的学术造诣、高尚的学术风范，让更多的人领略他们关爱学生、培养青年、提携后学的优秀品质，让"大师"精神得到继承和发扬。

第五是杰出的校友风采。光华管理学院的每一位校友，都是中国杰出的时代精英。他们凭借在各自工作岗位上的优异表现，为光华管理学院、为北京大学在海内外赢得了广泛赞誉。校友华章系列丛书就是深度记录校友在光华管理学院的学习经历以及卓著业绩，全面展现其对学识的孜孜追求、卓越才智以及不懈执著的品质，体现光华管理学院高质量的教学实践这一核心竞争力。

最后是精彩的论坛荟萃。在浮华之风日盛的今日社会，光华管理学院广泛开展的各种学术交流活动和讲座，兼容并蓄，展现思想的精粹、智慧的集锦。对所有"为国求学、努力自爱"的人们来说，其中传出的思想之声都是真正值得认真品味和用心领会的。论坛撷英系列丛书就是汇集专家、教授、知名学者、社会名流在光华管理学院的精彩演讲以及学术交流活动，展现其中引人深思的深厚学理以及催人奋进的人生智慧，将严肃的学术品格和通俗的阅读形式相结合，深度展现一流学府的思想之声，奉献最具时代精神的思想飨餮。

2011 年 12 月

目录

"社会责任、价值共享与治理之道"主论坛 　　1
吴志攀致辞（吴志攀）　　3
李金华致辞（李金华）　　10
黄孟复致辞（黄孟复）　　15
主题演讲一
　　——信誉是最重要的社会资本（厉以宁）　　19
主题演讲二
　　——中国应当履行的国际责任（易纲）　　23
高峰对话　　29
主论坛总结　　50

分论坛一　社会责任：大学商管学院和NGO的使命　　55
圆桌论坛　　57
分论坛一总结　　110

分论坛二　社会责任：生态文明导向的能源创新　　113
主题演讲一
　　——低碳化是全球能源技术的发展方向（李俊峰）　　115

主题演讲二
　　——新能源的商业模式和未来（于平荣）　　121
主题演讲三
　　——能效服务产业的创新之路（王彤宙）　　126
主题演讲四
　　——我国天然气开发利用的前景展望（吕建中）　　132
圆桌论坛　　139
分论坛二总结　　164

分论坛三　社会责任：医疗健康产业价值再造　　169

分论坛开幕词（刘学）　　171
圆桌论坛　　173
分论坛三总结　　221

分论坛四　社会责任：金融业的普惠服务转型　　225

主题演讲一
　　——金融企业的社会责任与普惠金融（曹凤岐）　　227
主题演讲二
　　——普惠金融与社会责任（唐宁）　　238
主题演讲三
　　——企业社会责任的三个层级（孙陶然）　　248
圆桌论坛　　254
分论坛四总结　　274

附录：社会责任价值报告简介　　277

"社会责任、价值共享与治理之道"主论坛

时间:2013年1月6日 08:30—12:00
地点:北京大学百周年纪念讲堂
主持人:于鸿君,北京大学党委副书记、教授;曲向东,著名节目主持人、电视策划人

改革开放以来,中国经济实现了高速增长,人民生活水平大幅提升。但在实现"中国奇迹"并跻身世界第二大经济体的同时,资源约束趋紧,环境污染严重,财富分配制度也有待完善。如何实现经济健康持续增长,建设生态文明,共享社会进步成果,是关系人民福祉、关乎民族未来的长远大计,也是政府、组织乃至每个人都需要思考的重要问题。2013年北大光华新年论坛聚焦社会责任与价值共享,思考公平、和谐、高效的增长模式以及在此过程中组织与个人应当履行的责任和义务。

吴志攀致辞

吴志攀

吴志攀，男，汉族，1956年12月出生，四川西昌人，中共党员，1975年9月参加工作，1988年12月毕业于北京大学法学院，研究生学历，法学博士，教授，博士生导师。

北京大学党委常委、常务副校长、法律总顾问，兼任北京大学亚太研究院院长、北京大学金融法研究中心主任。协助校长负责学校事业发展规划。负责人事、师资、离退休、国内合作、校友与法律事务工作。分管人事部、离退休工作部、国内合作委员会办公室、校友工作办公室、校长法律顾问办公室等。协助校长分管审计室。

1978年进入北京大学法律系学习，1982年获法学学士学位，1985年获法学硕士学位，1988年获法学博士学位。1988年起留校任教至今，历任讲师、副教授、教授，教研室副主任、副系主任、系主任,其间于1991—1992年到美国哈佛大学法学院访学,1997年作为美国艾森豪威尔基金会学者在美国访学。1999年起至今,历任北京大学法学院院长、校长助理(1999—2002年),北京大学副校长(2002—2005年),北京大学党委副书记(2003—2004年),北京大学党委常务副书记、校务委员会常务副主任、法律总顾问(2004—2010年)。2010年1月至今担任北京大学党委常委、常务副校长、法律总顾问。

尊敬的厉老师,尊敬的黄主席、李主席、易行长:

首先,请允许我代表北大向2013年北大光华新年论坛的召开表示热烈的祝贺!向参加论坛的各位嘉宾、朋友、老师、同学表示欢迎,感谢大家长期以来对北大和对北大光华的支持!

在这里,我要特别向厉老师表达敬意。从我在北大当本科生开始,就以听厉老师的讲座为最大的精神享受。等一会儿,我还将和大家一起,再次聆听厉老师的主题演讲。这确实已经成为北大的一道风景,真诚祝愿厉老师学术青春永驻,永远指引我们前进!

同时,我也要向北大光华管理学院的同仁们表示感谢。北大光华新年论坛已经连续举办了十四届,越办越好,已经成为汇聚智慧、表达思想、凝聚共识的一个重要平台,成为我们北大为社会、为企业界、为国家经济发展贡献力量的一个重要窗口。这些年来,光华管理学院在科学研究、人才培养、文化传承创新和社会服务方面,不断取得新的成就,在教育实践中特别重视价值观的塑造,特别是培养造就了一大批有理想、有担当、有责任感的优秀企业家,这是光华管理学院对中国的巨大贡献!

今年论坛的主题与社会责任有关,借此机会,我想讲两点自己的思考。需要提前说明的是,这只是我个人的观点,不代表我所服务的机构。

第一,什么是我们这代中国人的责任?

责任这个词,本来的含义是"分内之事"。我们每个人在社会上立足,享受那么多资源,处在不同的位置上,就应该有自己的责任。比如说,我当教授,就应该全心全意教书育人,要爱惜每一个人才,帮助其成长,我不能把教书这件事当作副业,把心思都用到别的上面去。

我有一个感觉,这个感觉不一定对,但确实是我自己的感觉:当代中国人的责任意识是相对比较淡薄的,具体的表现就是,很少有人对现状特别满意,大家都不安其位,都有更多的欲望,都想着要向上走,获得更多的资源,却很少意识到,自己不管在什么样的位置上,都应该有相应的责任。中国比较缺乏一种专业精神,就是干一行、爱一行,而且把这一行做到极致、做到全世界第一,不是规模第一,而是品质第一。我觉得,我们都应该时时铭记肯尼迪当年讲的那句话:"不要问你的国家为你做了什么,而应问你能为你的国家做什么。"

可能正是因为我们这个社会比较缺乏责任感,所以,大家现在对责任这个词谈得也最多,包括我学习"十八大"的报告,其中也讲,共产党员要有责任意识。

企业的社会责任是什么呢?现在大家都谈环保、慈善,等等。这些当然都很重要。但我看,中国企业有一项最重要、最基本的社会责任,那就是尊重法律。大家都要有这个底线,这是最大的本分,我们现在的法治环境还是不够完善,有时候,守法者很孤单、很艰难。你连法律都不尊重,还谈什么社会责任呢?

当然,法律要体现的是全体人民的根本利益,不管你是99%还是1%,也不管你是大国企还是小作坊,法律面前都不能有特权,法律要消灭一切特权,否则就不是良法,就不可能得到好的结果。我们学法律的都有一个心愿:"唯愿公平如大水滚滚,使公义如江河滔滔!"

责任除了各安其位、各尽本分之外,除了守法这个底线之外,我认为,当代中国人还应该有更大的责任,有更高远的追求,就是让我们中国能够真正跟上世界发展的潮流,甚至将来引领世界发展的潮流。

回顾大航海以来的世界历史,我的总结是,有三波大的变革。第一波变革是早期的海洋贸易的兴起,西班牙、葡萄牙、荷兰、英国,这些国家迅速崛起,很快就积聚起巨大的财富,而很多文明古国,人口比它们多得多,国土也大得多,结果却一碰上海洋贸易就垮了下来。接下来的第二波变革,是英国工业革命之后,大机器生产带动了制造业的迅速发展,然后金融业也兴盛起来,这些发展极大地刺激了科技的发展,科技成果转化为工业产品,科技真正成为第一生产力。今天世界的格局,归根到底,是第二波变革的结果。我们中国过去落后挨打,是因为没有工业化;现在后来居上,是因为快速实现了工业化,而且是跨越式地实现了工业化。

今天我们面对的,是全球化以来的第三波变革。这个变革的核心到底是什么,我还说不太清楚,也许是服务业的崛起,服务业创造新的巨大价值。这其中,比较有标志性的是信息科技革命。我感觉,世界各国的经济都被这个信息化的浪潮带动,正在走向一个新时代。

在这第三波发展中,应该说我们中国是比较成功的,我们跟得很快,学得很快。我们的马云、李彦宏、马化腾以及无数的企业家、科学家、技术人员甚至外出务工人员,都做出了巨大的贡献。我认为我们到目前为止还算没有掉队,而且是新变革的受益者。

但是,我又不能不忧心忡忡,因为中国原创的东西太少了。我们把美国的东西汉化是很成功的,而且有些东西,我们汉化以后可能比美国用得还成功,但是,我们不能一直当学生,不能一直是追随者。现在,核心的技术在人家手里,各种标准、各种规则的制定权也在人家手里,人家就有主动权,我们就随时都有可能再一次落后,而且这样的落后,后果很严重。

1956年,毛泽东在《纪念孙中山先生》一文中说:"中国应当对于人类有较大的贡献。而这种贡献,在过去一个长时期内,则是太少了。这使我们感到惭愧。"我想把这句话引用在这里,与各位承担着重大责任,特别是承担着创新使命的企业家共勉。

我要讲的第二点思考,是政府与社会责任。我的观点可能不够全面,但我始终认为,在我国,社会责任最主要的承担者应该是政府。

我是主张"大政府"的,中国这么大,这么复杂的情况,变化这么快,假如没有一个强大的中央政府,没有负责任、有作为的各级地方政府,结果是难以想象的。过去中国的奇迹,我觉得很大程度上要归功于政府,我们的政府干得非常出色,交出了很好的政绩答卷,得到了人民的拥护,但正因为如此,政府也必须承担最大的社会责任。

政府要承担什么社会责任呢?不仅仅是建立社会福利体系这样的事情,更重要的还是法治,政府的责任就是要让自己依法行政,做一个法治政府。

我举一个例子,前不久,我在上海证券交易所的论坛上也讲过。福山把中国归为低信任度社会,我认为他是片面的,几千年的儒家文化，以及最近六十多年来的社会主义教育，都在教导我们诚信，要以诚为本，讲"三老四严"，等等。但我也承认，在我国社会的当下，确实存在着很严重的诚信问题。我坐在北大的校长办公室里，经常接起电话来，发现是骗子打来的。我感觉，中国社会比较缺乏横向的信任，两个不熟悉的社会成员之间，要建立起充分的信任似乎要比英美社会难得多，契约精神还不够。

虽然缺乏横向信任，但我国社会却有很好的纵向信任。什么是纵向信任呢？就是大家都相信中央、相信政府、相信国企，我们的原则是少数服从多数、全党服从中央，以及在一个单位、一个家庭内部，群众相信领导、晚辈相信长辈。正因为这种纵向信任的存在，而且非常稳定，使得我们中国在几千年前就形成了大一统的中央集权国家，并始终保持这种国家形态。

所以，我们要想中国保持稳定，并继续往上走，很重要的一个方面，就是必须始终保持我们的政府、我们的这些大企业、大机构的信用。我们讲社会责任，首先就是要求政府要保持诚信，要严格遵照市场的规范和法律的规范来办事情，让老百姓和广大的投资者、纳税人都能够相信政府，相信国有大机构，政府说话一定是权威的，一定是说话算话的，一定是照顾老百姓利益的，一定不能是仅仅服务于某个利益集团的。

在中国，政府官员被称为"父母官"，政府好像是老百姓的"大家长"，家长当然就不能说假话，不能说了话不算数。这是我国基本的政治伦理，也是几千年的社会文化传统。所以，如果破坏了这种纵向信任，那么我们的市场就很难稳定，人心就肯定要涣散。老百姓的眼睛是雪亮的，尤其是在现在这样的信息社会，你的一言一行，都在说明你有没有责任感，说明你是不是一个负责任的好政府。

只要政府把主要的社会责任承担起来了,政府主动负责了,政府真正信法、守法、护法了,那么,我们的企业就会有更好的市场环境,我们这个社会的人心就是安定的,就是团结的。只要中国千千万万的企业团结起来,都各尽其责、各尽本分,十几亿人民都跟着政府一起奋斗,那当然就可以战胜一切挑战,实现民族复兴的"中国梦"!

以上是我的不成熟的观点,恳请大家批评指正。再一次祝贺北大光华新年论坛的召开,祝愿光华管理学院的事业更加辉煌!谢谢!

李金华致辞

李金华

李金华，男，汉族，1943年7月生，江苏如东人，1965年6月加入中国共产党，1966年9月参加工作，中央党校研究生学历，高级审计师。第十一届全国政协副主席、党组成员。其主要经历如下：

1962—1966年，中央财政金融学院金融系金融专业学习；

1966—1968年，留校待分配；

1968—1971年，西北财经学院财金系教师；

1971—1975年，航空部五七二厂财务科会计、会计组组长、十五车间党支部副书记；

1975—1980年，航空部五七二厂政治部副主任；

1980—1983年，航空部五七二厂党委副书记；

1983—1985年，航空部五七二厂厂长；

1985—1985年,陕西省对外经济贸易厅厅长、党组书记(1983—1985年,中央党校培训部培训班学习);

1985—1997年,审计署副审计长、党组成员(1993年3月—1993年5月,中央党校省部级干部进修班学习);

1997—1998年,审计署副审计长、党组副书记;

1998—2007年,审计署审计长、党组书记(2001年3月—2001年5月,中央党校省部级干部进修班学习;2006年5月—2006年7月,中央党校省部级干部进修班学习);

2007年—2008年3月,审计署审计长、党组成员;

2008年3月至今,第十一届全国政协副主席、党组成员。

中共"十四大"当选为中央纪委委员,第十五届、十六届中央委员,第十一届全国政协副主席。

尊敬的厉以宁教授,尊敬的各位来宾、各位朋友,老师们,同学们:

大家上午好!

很荣幸在新的一年开始之际,参加第十四届北大光华新年论坛,跟大家一起探讨"社会责任、价值共享与治理之道"这一非常有意义的话题。首先,我要向在座的各位朋友致以新年的问候,向前来分享知识、碰撞思想的各位来宾表示感谢!

党的"十八大"明确了未来一段时间内的发展目标,即全面建成小康社会和全面深化改革开放,这标志着我国进入了一个新的历史发展阶段。"十八大"报告还同时指出,我国目前所处的基本国情没有改变,面临的社会主要矛盾没有改变,发展中国家的国际地位没有改变。在我们把握机遇向目标迈进的过程中,发展的不平衡、不协调、不可持续问题依然突出,进一步发展面临的重大结构性矛盾和问题依然存在,国际环境中不确定因素增多,发展理念和制度环境还有待完善,等等。因此,我们更需要清楚地看到前进道路上的困难和问题,沉着应对当前的挑战,进一步解放思想、实事求是,才能赢得主动、赢得未来。

我们所面临的问题,既源于中国在改革发展中特有的因素,如人口多、底子薄等历史因素和制度转型等现实因素,也源于市场机制固有缺陷的普遍性因素。从顶层设计的视角来看,无论哪种因素,都应该跳出问题本身来寻求应对之道。今天,我们所探讨的话题——社会责任与价值共享,就是寻求应对之道的很有意义的尝试。

从社会的角度看,社会责任与价值共享是社会和谐、稳定的需要。中国有着传统的"老吾老以及人之老,幼吾幼以及人之幼"的美德,也有"不患寡而患不均"的古训。所以,为了保持社会的健康、良性发展,需要倡导社会责任,进行价值共享。

从经济的角度看,社会责任与价值共享是调整市场经济缺陷、保证社会正常运行的重要条件。在现实的市场机制中,外部性、不对称信息、不完善的市场规则等,使得个人与组织的利益不能自动与社会利益保持一致。所以,社会责任与价值共享理念对市场经济的良好运行发挥着重要作用。

从企业或社会机构的运行看,承担社会责任、进行价值共享是基业长青的必由之路。在完善的经济环境中,通过为社会创造价值,改善自身经济环境和社会环境,企业也往往能够获得新的发展机会和经济价值。所以,企业或社会机构进行价值共享的过程,也是一个自我增值的过程。

结合国情实际、改革实践和理论的新发展,我们要在发展理念提升、社会组织成长和制度环境完善等方面,将社会责任与价值共享理念融入到改革和发展之中。

首先是经营理念和发展战略的提升。我们首先应该在超越"公益奉献"或"再分配手段"的层面上谈社会责任与价值共享问题。价值共享的理念，让营利与非营利组织的边界不再像传统市场主体那样泾渭分明。一个企业或社会组织的生命力和竞争力，与它所处环境的健康程度是紧密相连的。一个好的社会环境需要好的社会组织为居民提供就业机会并创造财富；一个好的社会组织更需要一个好的社会环境为其提供公共资源和经营环境。社会责任与价值共享不再是与社会"分享"自己创造的价值，而是在每一项经营活动中，不以单单考虑组织自身的成本收益为出发点，而是以对社会的成本收益的分析来指导行为，在提升社会价值的过程中，发现新的价值链和发展机遇。

其次是市场机构和社会组织的成长、成熟。一是要重新界定产品、服务和利益共享者。巨大的社会需求，如环境保护、住房改善、医疗保障，同时也是市场机遇，通过创新的发展思路，这些社会需求完全可以成为市场中的蓝海，为各类机构带来广阔的发展空间。二是要重新梳理价值链。安全生产流程、员工工作环境、物流价值共享、资源利用效率等各个环节完全可以在不增加总成本的条件下，通过科技创新和制度改革来改进，从而使组织的成本在长期内和整体上得到节省。三是要重新评估其他社会组织的价值。任何一个企业、政府、科研机构以及非营利或非政府组织的发展，都需要共同群聚和相互支撑。一个组织只有更好地与他人合作、分担成本、共享资源，才能在共同发展的过程中，更好地实现自身价值。

最后是良好的制度建设和环境营造。对政府而言，需要完善相关法律法规，引导企业创造共享价值，而不是只关注短期盈利。制度的设计和执行方式，决定了社会责任与价值共享理念能否真正实现。制度法规的制定需要把握好适度原则,既要提供表述清晰、可衡量的社会目标和激励措施,又要避免将具体做法规定得太死而阻碍创新;既要建立通用的测量和绩效披露体系,又要避免不考虑行业特征和产业周期的"一刀切"。对社会组织而言,如学校、科研机构和各类民间团体,则需要从多个层面深入研究、探讨和践行社会责任与价值共享,夯实理论基础,促进文化积淀,推动实践创新,在全社会范围内营造肩负社会责任与创造共享价值的氛围和环境。

这次的北大光华新年论坛是一个很好的平台,有助于大家增进对社会责任与价值共享的认识,并通过各界人士的深入讨论,来寻找具体的实践方法。我相信,北大在这个历史结点上,就社会责任与价值共享的研究和探讨,一定会结出丰硕的成果,为中国经济的改革和发展注入新的智慧与活力。

最后,预祝第十四届北大光华新年论坛取得圆满成功!祝福大家在奉献社会的同时幸福人生!谢谢大家!

黄孟复致辞

黄孟复

黄孟复,男,汉族,1944年1月生,上海人,民建成员、中共党员,高级工程师,全国政协副主席,全国工商联名誉主席。其主要经历如下:

1962—1968年,北京钢铁学院冶金系钢铁冶金专业学习;

1968—1976年,江苏省南京市钢铁厂工人、工长;

1976—1983年,江苏省南京市钢铁厂技术员、工程师、炼铁分厂技术科副科长;

1983—1988年,江苏省南京市钢铁厂炼铁分厂副厂长;

1988—1992年,江苏省南京市钢铁厂副厂长、高级工程师;

1992—1997年,江苏省南京市副市长,民建江苏省副主委、主委、南京市主委;

1997—1998年,民建中央副主席、江苏省主委、南京市主委,南京市副市长；

1998—2001年，民建中央副主席、江苏省主委、南京市主委，江苏省人大常委会副主任；

2001—2002年，全国工商联专职副主席，民建中央副主席、江苏省主委、南京市主委，江苏省人大常委会副主任；

2002—2003年，全国工商联主席，江苏省人大常委会副主任；

2003—2012年12月，全国政协副主席，全国工商联主席，中国民间商会会长；

2012年至今，全国政协副主席，全国工商联名誉主席。

第八届全国政协委员，第九届全国政协常务委员。

尊敬的厉以宁老师，尊敬的各位来宾，老师们，同学们：

很高兴能够参加北大光华新年论坛。关于今年论坛的主题，刚才李金华副主席已经做了很好的演讲，后面还有两位主讲嘉宾，也将对这个主题进行深入的阐述。所以，我就讲讲"擦边球"的话题。

改革开放以来，我国进入了一个创造财富的时代。改革开放让一切创造财富的源泉充分涌流。所以，这些年来我们社会的财富、个人的财富、国家的财富、企业的财富都大幅度增加。这种财富的增加极大地改变了我们国家的面貌、城市的面貌、社会的面貌和家庭的面貌。但是，随着财富的巨大增长，也出现了财富分配不均的现象，所以基尼系数越来越高，贫富差距越来越大，人们对财富这个词已经开始有了不同的理解。那么，我想就这个问题谈谈我的看法。

财富对一般人来讲都是用于生活，或者是养老，或者是消费。但对于整个社会来讲，尤其是对于企业、企业家来讲，财富就不是简单的消费功能了。很多企业家说，你们认为我的钱多，但我没有感觉到我的钱有多少,而实际上他可能已经有几百亿了,但还觉得资金不够。那么,钱在这些人的手里不是财富,也不是消费品,它是什么?它是生产要素,是我们社会生产力发展中的重要要素。所以,财富在这些人的手中创造了GDP,创造了税收,也创造了就业。我讲这个话的意思,就是认为我们应该正确地树立一种财富观,一方面要看到财富分配不公所带来的社会问题,同时也应该支持那些把财富用于生产、用于增加就业的企业和企业家。对这样的财富积累我们应该给予充分的理解与支持。

前不久我看到工商总局的一个统计:现在私营企业数量已经超过1000万,私营企业家可能超过了1500万。但是,我算了一下,平均一个私营企业家的注册资金也不过就200多万元。如果把这200多万元拿去买一套房子,或者拿去消费,我们就没有了这样的一个民营经济,我们就没有目前这样规模的税收和就业。所以,财富聚集在这样一批企业家手中,和聚集在不能够成为生产力的地方,效果是完全不一样的。如果这1500多万人都把钱存到银行,国家就麻烦了。所以,我们应该鼓励那些能够把财富变成生产力的企业家。现在很多企业家比较迷茫,虽然他们的财富有几十亿、几百亿,但实际上他们并没有时间也没有精力来享受这些财富带来的好处,反倒随着企业的发展,承担的社会责任越来越重,员工越来越多,压力也越来越大,而社会舆论对民营企业家却不宽松,所以我认为社会应该对财富有一个正确的评价。

今天论坛的主题是社会责任。社会责任关系到每个人,每个人都要从自身做起,问问自己的社会责任尽到没有。"十八大"提出了一个非常宏伟的目标:2020年全面建成小康社会。在拥有13亿人口的中国,全面建成小康社会对世界的意义非常大。但是,要实现这个目标,我们现在做好准备了吗？我认为全社会可能还没有做好准备。大家都希望改善生活条件,都希望涨工资,都希望活得更愉快一些、更轻松一些,但如果我们丢掉中国人的勤劳、勤俭、团结、诚信,如果丢掉这些基础,2020年能够全面建成小康社会吗？我是持怀疑态度的。

这些问题可能跟社会责任的主题不完全沾边,但我认为这是一个根本。一个贫穷的社会谈不上社会责任。如果没有吃,没有穿,那就不只是社会责任的问题,可能连社会秩序都没有了。所以只有在社会不断进步、不断发展,社会财富不断增加的前提下,我们的社会责任才能逐步地加强。价值共享的理念应该通过共同的劳动来获得,而不是仅仅靠别人来提高价值、创造财富,每个人都要为创造财富、尽一份社会责任而努力。

我就讲这一点意见,祝愿北大光华新年论坛越办越好,谢谢！

主题演讲一
——信誉是最重要的社会资本

厉以宁

厉以宁,祖籍江苏仪征,1930年11月出生于南京。1955年毕业于北京大学经济系。毕业后留校工作,历任资料员、助教、讲师、副教授、教授、博士生导师,北京大学经济管理系系主任、北京大学光华管理学院院长。现任北京大学社会科学学部主任、北京大学光华管理学院名誉院长。

厉以宁教授于1988—2002年任第七届、八届、九届全国人大常委,全国人大财经委员会副主任、法律委员会副主任,2003—2007年任第十届全国政协常委、全国政协经济委员会副主任。2008—2012年任第十一届全国政协常委、全国政协经济委员会副主任。2013年3月当选第十二届全国政协常委。

厉以宁教授在经济学理论方面著书多部,并发表了大量文章,是我国最早提出股份制改革理论的学者之一。他提出了中国经济发展的非均衡理论,并对"转型"进行理论探讨,这些都对中国经济的改革与发展产生了深远影响。厉以宁教授还主持了《中华人民共和国证券法》和《中华人民共和国证券投资基金法》的起草工作。

厉以宁教授因为在经济学以及其他学术领域中的杰出贡献而多次获奖,其中包括"孙冶方经济学奖"、"国家中青年突出贡献专家"、"金三角奖"、"国家教委科研成果一等奖"、"环境与发展国际合作奖"(个人最高奖)、"第十五届福冈亚洲文化奖——学术研究奖"(日本)等。1998年荣获香港理工大学授予的荣誉社会科学博士学位。曾多次被邀请到国内外多所大学与科研机构演讲。

厉以宁教授的主要著作包括:《体制·目标·人:经济学面临的挑战》,《中国经济改革的思路》,《非均衡的中国经济》,《中国经济改革与股份制》,《股份制与现代市场经济》,《经济学的伦理问题》,《转型发展理论》,《超越市场与超越政府——论道德力量在经济中的作用》,《资本主义的起源——比较经济史研究》,《罗马—拜占庭经济史》,《论民营经济》,《工业化和制度调整——西欧经济史研究》等。

我要讲的题目是"信誉是最重要的社会资本"。我们知道经济学里面有三种资本概念:第一种是传统的资本概念,是物质资本,就是货币转化为生产资料,投入厂房、机器、设备,这叫物质资本。到了20世纪60年代以后,出现了第二种资本概念——人力资本,每个人身上的技术、知识、经验、智慧等构成了人力资本。人力资本出现后,大家普遍认为是物质资本和人力资本共同创造了财富。这两种资本相比,人力资本更重要。为什么人力资本更重要呢?因为60年代正是第二次世界大战结束以后20年左右,大家看到德国被炸了,可是很快经济就起来了。物质资本损坏了，但是人力资本还在。德国依靠人力资本使得经济得以复兴。

到了70年代左右，出现了第三种资本概念——社会资本。社会资本是什么意思？不是我们现在报纸上所用的社会资本的概念。现在报纸上到处在用这个概念，指什么呢？就是指民间资本。但是，在经济学里面，社会资本有其特定的含义，是无形资本。从哪里讲呢？从人际关系。有了人际关系，就有社会资本了。广东为什么发展得那么快？因为它有充足的社会资本，有那么多华人、华侨、港澳同胞，所以社会资本充足了。浙江为什么发展得那么快？浙江也有它的社会资本，因为它的同乡关系、同家族关系都是社会资本。现在人们渐渐认识到社会资本的重要性，所以到处有校友会、同学会，还有同乡会。社会资本中最重要的是什么？是信誉，就是刚才讲的诚信。如果你有诚信，到哪儿都可以碰到你的同乡、同学，熟人拉你一把，扶你一把，这样经济很快就起来了。没有诚信，实际上就是没有社会资本，这个问题正是我们讲的社会资本最重要的一点。

社会资本的重要性也表明了经济活动、社会活动都是人和人之间的关系问题。你有信誉，别人就会拉你一把，如果你没有信誉，那朋友再多也不能成为朋友了，因为人家都不相信你了。所以，西方有一句重要的话叫"你骗了所有的人，最后你发现你被所有人骗了"。如果一个官员、一个领导人只听那些假话就高兴了，那所有人都会跟你讲假话，你不就是被所有人骗了吗？道理是一样的。所以说，今天我们讲社会责任，应该牢牢记住，它有两条底线：一条底线是法律底线，任何人都不能违背、不能突破法律底线；另一条底线是道德底线，一定要谨遵道德准则，如果道德底线破了，就没有人跟你来往了。这就是社会资本的重要性。

另外，社会责任与宗教或者信念有关系。宗教主要就是讲人的天职。资本主义在16、17世纪的时候在荷兰和英国兴起，宗教也是可以说明一些问题的。当时宗教革命使旧教和新教分得很清楚。新教相信人是有罪的，怎么赎罪？不是到教堂里念《圣经》、唱赞美诗，不是让你进修道院，也不是把钱捐给教会。人的责任在哪里？天职在哪里？答案就是"勤奋劳动、积累财富、创造事业"。拼命地干活、积累财富就是你的天职，这样就会产生一种不断前进的动力。新教徒的生活是很艰苦的，他们相信做得越多，在上帝面前任务就完成得越好。所以，履行社会责任一定要有信念，宗教有宗教的信念，政党有政党的信念，民族有民族的信念，有这种信念就有社会责任。

中国现在的危机是信念危机。以为什么事情都看透了，人生、事业不过如此，一种颓废主义的思想就出来了，就妨碍了中国的前进。所以，社会责任在今天来说，就是需要有新的信念的建立来指导大家，把我们国家建设得更好，把我们的社会建设得更幸福，使每个人都能在这当中发挥自主作用。我相信社会责任问题会成为今后人们所关注的问题。

谢谢大家！

主题演讲二
——中国应当履行的国际责任[*]

易 纲

易纲,男,1958年出生,经济学博士。

1978—1980年,在北京大学经济系学习;

1980—1986年,分别在美国哈姆林大学工商管理专业、伊利诺伊大学经济学专业学习,获经济学博士学位;

1986—1994年,在美国印第安纳大学经济系先后担任助教、副教授,于1992年获终身教职;

1994年回国,与林毅夫等发起组建北京大学中国经济研究中心,任教授、副主任、博士生导师;

1997—2002年,任中国人民银行货币政策委员会副秘书长;

---

[*] 标题为编者所加。

2002—2003年,任中国人民银行货币政策委员会秘书长(正司局级)兼货币政策司副司长;

2003年,任中国人民银行货币政策司司长;

2004年7月,任中国人民银行党委委员、行长助理(2006年9月—2007年10月兼任中国人民银行营业管理部党委书记、主任,国家外汇管理局北京外汇管理部主任);

2007年12月,任中国人民银行党委委员、副行长;

2009年7月,任中国人民银行党委委员、副行长,国家外汇管理局局长、党组书记。

尊敬的厉以宁老师、黄主席、李主席、吴校长,各位来宾,大家好!

非常高兴能够参加第十四届北大光华新年论坛。厉以宁老师是我的老师,我的现代经济学就是在厉以宁老师的课堂上受到启蒙的。厉以宁老师教了成千上万的学生,我只是其中之一。后来我也成了老师,也开始教学生。我为什么教学生?因为我从厉以宁老师和其他老师身上学到了经济学,学到了分析问题的框架,学到了价值观,学到了社会责任。我希望通过课堂把这些传授给我的学生。

刚才几位重量级的讲演者谈了中国社会存在的一些问题,比如缺乏诚信,比如干什么事儿都得托人,等等。我教学的一个理念就是希望能够通过教学,通过写文章,通过讲演,把社会责任,把做人的价值观,把知识传授给学生,传授给社会。在北大这样神圣的讲台上讲课,学生是世界一流的,通过学生再到社会能有一个有效的传导,这样就可以使中国慢慢建立起自己的社会责任、价值观等。但是,坦率地说,实际上我经过多年的教学后,比较失望,因为好像我的学生们比较快地掌握了我教给他们的经济学知识、金融理论、市场理论,这些他们掌握得非常好,但是,唯独社会责任、价值观他们掌握得不好。为什么呢？我曾经想过，后来也和许多人讨论，他们给我的回答是：易老师，您讲这些，是因为您已经功成名就了，我们现在刚毕业，在社会上，不管是银行、券商还是企业，我们必须要首先奋斗成功。我说，在奋斗的过程中，你要讲社会责任，要有道德底线，不能不择手段，干那些坑蒙拐骗的事、伤天害理的事。有些人还是听劝的，做到了，但是有些人就没有做到。

所以，我就在想，我们今天讨论的社会责任、价值共享与治理之道，实际上对于一个人也好，对于一个社会也好，对于一个国家也好，在不同的阶段有着不同的内涵、不同的定义。最近有一个大片叫《1942》。当人饿到不能生存的时候，他可能只能管他自己，或者把他自己卖了，然后给他的直系亲属几斗米，因为那个时候他的社会责任、他的价值观会非常局限，那就是眼前我怎么能够活下去。当一个农村的穷苦孩子，经过考试进入名牌大学，进入神圣的课堂，他学到知识，出去以后要找工作，要奋斗，他首先想到的是成功。也许有不少朋友在成功以后开始比较注重社会责任，开始讲道德底线，开始择手段，而不是像过去那样不择手段了，但这是有一个过程的。

那么，一个社会呢？一个国家呢？我想都存在这个问题。所以，一直困惑我的就是我为什么不能够把我的这些价值观、这些做人的理念、遵守的道德底线立刻传授给我的学生、我的听众、我的社会读者？因为每个人——城市的、农村的、东部的、西部的——在不同的生活境遇中，面临的社会环境和工作目标是不一样的。所以，这就有一个今天谈论这个问题的复杂性。

任何一个国家都是有责任的，不管是大国还是小国，我们提倡国与国一律平等。但是，实际上在国际事务中，在世界格局中，国与国发挥的作用和它的位置是非常不一样的,我们也在讲社会责任、国际责任、价值观。那么,你们就会看到,在这个世界上,发达国家也讲责任,发展中国家也讲责任,第三世界也讲责任,那么,责任意味着什么呢?不同的国家在不同的发展阶段,它的责任的定义和含义有什么不同呢?说到价值观,我们看看这个世界上是谁的价值观更接近普世价值观?过去我们说"不是东风压倒西风,就是西风压倒东风"。但是,我们在现在这个世界上,放眼看去,不管是发达国家还是发展中国家,看看它的人民、它的大众,认同,或者是基本认同哪种价值观、哪种文化?我们中华文明上下五千年是一个伟大的文明,像刚才有演讲嘉宾说到,到现在为止我们对人类的贡献太有限了,这也包括价值观方面和文化方面。

换一个角度讲,中国有多少朋友,在世界上有多少铁杆盟国?美国有多少盟国?不管是什么事务,联合国投票,还是其他什么事务,有多少铁杆盟国?这反映了什么呢?这反映了责任,反映了价值观的认同,同时也反映了治理之道。那么,现在世界的治理之道是什么呢?大家知道有联合国,知道有G20——中国在G20中发挥了重要的作用,知道有国际货币基金组织,有世界银行,有WTO,这些都是经济方面的。世界的政治、经济主要靠这些治理机构来管,这就是治理之道。在治理过程中,它必然要充分地宣传所谓责任和价值观。如果要治理,就必须有共同遵守的原则和共识。我们知道现在大多数世界治理的框架是第二次世界大战以后形成的,比如说联合国。中国是联合国的发起国之一,从一开始就是联合国的常任理事国。还有国际货币基金组织,中国的代表团从开始就参加国际货币基金组织谈判的。世界银行,关贸总协定——现在叫WTO,所有的这些中国都参加。但是,我们对这些治理机构的贡献有多大呢？实际上，我们的贡献是相当有限的。

所以，今天的这个主题我认为是非常重要的。实际上，在社会责任、价值观、价值共享和治理之道方面，全世界有着相同之处，但也有区别。不同国家、不同文明的责任、价值观和治理之道也是相互竞争的。那么，要想中国对人类有更大的贡献，我们必须参与这个游戏规则的制定，参与这个竞争，并且我们要通过北大和北大光华这样的地方培养出更多的、能够参与竞争的、一流的国际人才。我们在这方面太缺乏了。我们说规则是由西方国家制定的。现在我在中国人民银行分管国际事务，从一开始就参加G20、国际货币基金组织、世界银行、关贸总协定和WTO这些谈判。现在的潮流是这些组织非常希望中国人牵头，人家反复地向我们发出邀请。比如很多技术小组，像资本充足率，像会计准则，像怎么算公允价值，像怎么管制杠杆率，像今天我本来要讲的国际收支平衡，这些都是一些技术小组要在国际上制定的规则，要大家逐步地达成共识，然后共同去遵守。那么，我们中国人能不能牵头这些小组呢？我可以坦率地告诉大家，我们中国人现在很难派出人来牵头这些小组。牵头这些小组要有很强的国际主义精神，你牵头这个，等于你请客，把人家请到家里，跟人家商量，好好对待人家，最后由你主导，或者在形成这个规则方面你的影响比较大。我们有多少这样的人呢？很少。

所以，我们要强调社会责任，要尊重和为中华文明所形成的价值观而骄傲，致力于宣传推广中国的价值观。同时，我们也要积极参与全世界经济的和其他方面的治理之道。在这些方面，我们需要一些更深刻的思考，同时需要大批的人才。

今天是北大的论坛，北大的论坛从来都有一个传统，就是允许商榷和争论。那么，最后我就政府的作用和吴志攀校长商榷一下。

吴校长是我的同学,他在法律系,我在经济系,我们俩人一同上了好几门课,可以说是老同学、老朋友了。但是,在政府的作用方面,我认为政府应该是一个有限的政府、一个边界清晰的政府。政府的主要职责就是四项:宏观调控、市场监管、社会管理和公共服务。中国政府更应该强调社会管理和公共服务。比如说我们的环境污染到这个程度,空气污染到这个程度,交通拥堵到这个程度,这是政府应该管的事。如果说大政府,中国传统上确实有大政府,我们几千年的文明中确实有大政府。计划经济就是大政府,它把人民的吃喝拉撒睡全都管起来了,从上学到就业,到生老病死都是政府管的。但是,结果怎么样呢?中国人民经受了计划经济和"文化大革命"的苦难。所以,我的意思是说,一定要强调政府的边界和有限政府、政府依法执政这样一个理念。从老百姓的角度讲,你考不上好学校,首先怪你自己;你找不着好工作,首先怪你自己;你投资失败,首先怪你自己。不能说考不上学怪政府,就业找政府,投资失败了也去游行、去找政府。吴校长讲得很对,我们首先应该问,我们自己为社会做了什么?

最后,我想说,社会责任、价值共享与治理之道肯定是有争论的,大家对这几个词的内涵的理解和观察的角度都是不同的。我觉得应该允许争论、允许讨论,使得我们对这三个非常重要的概念将来有更深刻的认知,使得中国变成一个更加美好的社会,谢谢大家!

高峰对话

曲向东：谢谢于鸿君教授！刚才于教授为我们介绍了很多来宾，其实他本人也是一位很重要的主宾，他是北京大学的党委副书记，也是我们光华管理学院的教授。感谢于教授前半场给我们做了非常精彩也带有观点的主持。接下来我将会主持今天后半场的高峰对话。我比于教授幸福一点儿，因为我可以坐在这儿主持。

首先，有请参加高峰对话的几位嘉宾，他们是：首创集团总经理刘晓光先生，华远地产股份有限公司董事长任志强先生，财新传媒总编辑胡舒立女士，北京大学哲学系教授何怀宏先生，今天的东道主——北京大学光华管理学院院长蔡洪滨先生，有请。

非常感谢各位来宾参与我们的高峰对话。我本人本科、研究生都是在北京大学度过的，对这里非常有感情。我是光华的老学生了，光华新年论坛几乎每一届我都参与了，也是看着它的主题一年一年在改变。主题的变化非常有意思。可能在开始的几年，我们的目光主要集中在财富的创造上，中间阶段会聚焦于中国进入国际市场的话题。但是，今天我们的主题是"社会责任、价值共享与治理之道"。其实社会责任和价值共享的主题我以前也参与探讨过，但今天我特别感兴趣的是第三点——治理之道。我们在社会责任、价值共享方面有一些共同的追求,但是如何让这些共同的追求落实下来,成为一个可治理的、可预期的、可持续的方案,我想核心就在治理之道上。光华管理学院作为一个管理学院,更重要的价值就在于探讨这种治理之道。我们今天请来几位嘉宾与我们共同分享他们的感受和想法。

先请各位嘉宾简短表述一下自己的观点,随后进入到讨论环节。刚才吴校长讲得特别棒,鲜明地亮出了自己的观点,易纲先生上来也是鲜明地亮出了自己反对的观点。我想这可能是给台上几位嘉宾树立了一个"北大范儿"。下面给每位5—10分钟的时间鲜明地亮出自己的观点,如果你的观点不鲜明,那你的观点就失败了。掌声欢迎几位嘉宾的精彩观点。先有请刘晓光先生。

刘晓光:论坛的主题是讲价值观,讲社会责任。我想很重要的应该是讲价值观的核心内容。我觉得从企业的角度来理解,价值观应该是一个体系。我们探讨价值观,就要针对中国的国情来谈企业家价值观。我研究发现,东西方企业家价值观有很多一致的地方,也有一些不同的地方。一方面我们要发扬中国企业家的一些优秀的价值观,另一方面可能也要把西方的企业家价值观优秀的地方拿来学习、借鉴、结合,这样才能形成一个比较全面的价值观系统。

中国的企业家应该追求两个奖章:一个是社会的奖章,一个是金钱的奖章。这包含了两个方面的含义。讲中国企业的价值观,我想可能主要是包含创新,包含责任,包含各种各样的企业价值观的内容。我结合我们阿拉善自己的例子来讲讲。阿拉善是集合了中国100位比较优秀的企业家组建的一个NGO组织。组织真正的含义在于把中国企业家作为一个阶层整体引领到环保领域。

中国实行改革开放以后,中国企业家也开始增长。怎样能够更多更好地体现他们的社会价值？于是,我们建立了这么一个组织。八年来,我们在阿拉善治理沙尘暴,我们企业家带头在自己的企业中进行环保治理,带头发展环保产业,带头动员社会更多的企业家参与到环保事业中来,我觉得这可能是我们企业家价值观的一个很具体的体现。在中国未来的发展过程中,我们要呼唤更多的企业家能够投入到环保公益领域中去,这可能是中国企业家社会价值的一个具体的体现。

曲向东:谢谢刘晓光先生。您的观点浓缩起来就是两块金牌,但是您今天重点强调社会价值的金牌。其实关于阿拉善我相信也有很多东西可以跟我们分享,任志强先生也是这个基金会的理事。接下来有请何怀宏教授。

何怀宏:我可能要做一点吃力不讨好的事情。前一段时间我在广州进行了一次演讲,看到有媒体报道说"北大教授讲'新三纲五常'"。今天,"三纲五常"在某种意义上成了一个贬义词,但是我觉得,纲常的核心或者说纲常背后的道德精神,就像朱熹所说的"千万年磨灭不得",是一定要有的。它的具体内容会有变化,但作为一个社会最基本的道德纲维、伦理纲纪,它是一个社会长治久安的根基。

去年是中国弃君主行共和过了100年和进入新世纪的开始。从20世纪初梁启超发表《新民说》以来,我们就希望有新公民、新共和的社会伦理,但是现在实现了多少？像孟德斯鸠所说的,其实对共和制的政体来说,最重要的原则或动力就是普遍的公民德性,君主立宪最重要的可能是荣誉和责任,而君主专制最重要的可能是恐惧与赏罚。那么,共和社会是需要建立一种新的制度伦理和全民德性的社会,首先要建立的就是制度的正义或者说合法性的基础,也是普遍的个人的公德。所以,我有一个构想,就是"新纲常",这一年以来一直在讲,不仅仅是包括"新三纲新五常",还有"新信仰新正名"等。

"新三纲"就是"民为政纲"、"义为人纲"、"生为物纲"。这方面和传统的"三纲五常"有很大的差别。其中,"民为政纲"是最重要和最迫切的,而且要从民本主义走向民主主义。

"新五常"包含两个方面。"五常伦"就是人要面对和处理的五种最重要的关系,古代是"君臣"、"父子"、"夫妇"、"兄弟"、"朋友"。现代社会最重要的是"天人",就是人和自然的关系,接下来是"族群"、"群己"、"人我"、"亲友"。而"五常德"就是仁、义、礼、智、信,这五个概念还可以继续用,但要进行新的解释。

"新信仰"也是从传统过来的,过去,尤其是明清时代,乡村一般都有这样的牌位:一个是祖先的牌位,一个是"天地君亲师"的牌位。辛亥革命之后,民间改成了"天地国亲师",我觉得这仍然可以传承。孔子所说的"君君臣臣,父父子子",我觉得在新的社会条件下可以说"官官民民,人人物物"。官要像官,民要像民,要"人其人"、"物其物",即以合乎人性、人道的方式对待人,也恰如其分地把物当物看,没有物质资料的生活是万万不能的,但人的物欲也必须有所节制,这是大概的思路。我先讲到这里,谢谢!

曲向东:谢谢何怀宏老师,何老师是给开了个药方——"新三纲五常"。但如何实现它,还有很多问题要探讨。接下来有请任志强先生。

任志强:什么是社会责任?谁能给我一个明确的定义吗?我觉得很多人认为我们生活在社会之中,不能单独地因为分工而独立,所以必须承担除自己本身之外的其他的社会责任。比如刘晓光说的,我们作为一个企业,除了干企业的活儿之外,还得干企业之外的活儿，本来是政府干的，政府不干，就变成社会责任。我更认为真正的社会责任是你想要生活在一个什么样的社会之中而为此付出努力的责任。这么定义应该是从龙应台来的。台湾的民主制度建设，不仅仅是因为有一个蒋经国，更重要的是他们梦想要有一个民主的社会，要有自己的权利。所以，龙应台鼓动所有人承担他们的社会责任，把你面前的墙推倒。

刚刚吴校长说，希望有一个大政府。我们的五千年历史，宋朝、清朝，都曾经是世界上最大的巨国之一，当然可能没有罗马帝国大。但那个时候是皇权与皇权的斗争，在同一种制度之下拼搏，显出了我们的强大。在今天的竞争之下，我们可能要面对的首先是制度问题。我们需要监督我们政府的权力，绝不是大政府，而是要把它关进笼子。我们现在面对的问题恰恰是没有人敢于站出来去索求我们自己应有的权利，所以，老把这个社会责任推给别人，说你替我承担一点吧。我觉得这可能就是我们面临的最大问题。

我们可能需要的是用不同的思想，用多元化的方式来寻求我们想建立的社会。如果你想这个社会是一个共产主义社会，你就要为共产主义社会去努力奋斗；如果你想建立的社会是一个民主社会，你就要为民主社会去努力奋斗。当然，你也可以设想，这个社会，比如像何教授讲的是一个"三纲五常"的社会，你也要为此尽责任。总之，你梦想未来有一个什么样的社会环境，你就要为此承担你应当承担的责任，谢谢！

曲向东：谢谢任总，果然是名不虚传的"任大炮"。接下来有请胡舒立女士。

胡舒立：我来说一下媒体行业。媒体天然地应当把公共利益置于首位的特点，决定了它要遵循的价值和它的社会责任主要体现为新闻专业主义。新闻专业主义在新闻界大家可能比较熟悉,在今天这个场合,我需要重新讲一下。首先,新闻不是宣传,也绝不能是宣传,新闻必须有专业的机制和操守,有它基本的界定。关于新闻专业主义的定义有争议,但是它有一些基本内涵不可否认:第一,媒体要服从公共利益。第二,媒体必须报道事实。第三,媒体作为信息流通的把关人,要采纳一定的价值标准,这个价值标准在西方是以中产阶级为主体的主流社会的价值观;但中国的社会价值观分化得比较严重,我觉得可以采用社会的核心价值,就是自由、平等、公正、法治等。第四,必须服从事实这个最高权威,不臣服于任何政治权力,也不屈从于任何经济利益。第五,必须受制于专业规范。我想这就是我们这个行业、我们这样的职业人能够尽的社会责任,应该坚持的基本操守和基本价值。

所谓的专业规范有很多内容,我就不一一讲了。下面我就讲我认为是最基本的,大家也能听明白,并且现在中国还没有做到的。

第一是不迎合原则。人对信息的需求就像人的欲望一样有很多层次,但我不是提供你欲望当中最低的层次所需要的东西,而是提供你应该知道的东西,这就是不迎合。第二是现场原则。在路透社和汤姆森合并之后,路透社发现它最大的问题是到现场的机会在比例上变少了,于是汤姆森-路透修改了它的公司宪章,增加了一句:在每一次重大事件发生的时候,我们的记者必须在现场。第三是防火墙原则。媒体不能被收买,必须有内部的对新闻的防火墙,就是编辑部和经营部必须是完全隔离的,这是不可逾越的,经营不能对编辑进行任何干预。我觉得当前中国的媒体,可能遇到的最大问题恰恰是,在还没有真正脱离宣传的传统和宣传的习惯的同时,就不幸地陷入被收买的境地。我们遇到的压力可能不仅仅是管制方面的压力,还有更多经济方面的压力,我们不但看到了有偿新闻,还看到了有偿沉默,我想这是我们这个行业最大的悲哀。

因此,中国现在最重要的是必须有新闻专业主义的成长,由新闻记者这些经过专业训练的人用专业、客观、公正的手法报道事实,让公众去判断,维护公众的知情权。我们现在大量的时间陷入到了在事实不完整,甚至事实不清晰的情况下进行讨论,这是远远不够的。因此,中国需要通过整体的努力,利用新媒体的机会,构建起适应现代国家民主转型和社会治理所需要的以新闻媒体为主体的一批稳定的、开放的、包容的、理性的公共舆论平台。这样也很清晰地体现了我们的追求、我们的社会责任和我们的价值。谢谢大家!

曲向东:谢谢胡舒立女士!我们都知道胡舒立女士领导的媒体就像是一种精确制导武器。她刚才讲的对媒体行业非常有价值,就像一份精确制导武器的构造图,或产品使用说明书。下面有请蔡洪滨院长。

蔡洪滨:首先我从经济学的角度阐释一下我们所讨论的主题对经济发展的意义。这几天北京特别堵,有人说是因为新的交通规则中规定闯黄灯扣6分,所以很多人到路口时不知道该不该过。其实在红绿灯制度的设计中,黄灯设立的本意是为了在红灯和绿灯间有一个缓冲,让司机根据自己的现实情况,该过的快点过,不能过的快点停。这个制度在其他国家都实行得挺好,但是在中国就有问题,因为很多司机没有把黄灯看成缓冲区,而是看作冲锋区,绿灯赶快走,黄灯抢着走,红灯绕着走。黄灯就没有起到缓冲的作用。所以,交管部门开始下重手,把闯黄灯的处罚变成闯红灯的处罚。这说明了什么?说明再好的制度设计,运行的好坏还取决于文化的因素、习俗的因素、人的规范和人的道德水准。经济学里经常说,经济发展最重要的是制度。但在道格拉斯·诺斯这样的制度学派的学者看来,制度分两种:一种是正式的制度,一种是非正式的制度。所谓非正式的制度就是文化价值体系、道德体系在一个社会里对人民行为的规范和影响。

我认为中国未来的经济发展,当然要强调市场机制的完善,当然要强调法制建设,当然要强调政府行为的规范。但是,除此之外,我们绝对不能够忽视这种非正式制度的建立。也就是说,我们需要建立一种新的符合现代市场经济体制,同时又适合中国传统文化的新的文化、新的价值体系、新的道德体系。这个问题对于未来中国的发展至关重要,原因在于我们的正式制度——市场也好,政府也好,法制也好——有很大的缺陷,所以需要在文化建设上,在非正式制度建设上更加着力。

另外,中国现在的很多问题除了正式制度的缺陷以外,其实反映的可能是非正式制度的缺陷,也就是价值体系的混乱和文化建设的滞后。比如,我们过去三十多年经济发展的成就,我觉得完全不亚于日本、韩国、新加坡这些国家经济起飞早期的成就。但是,我们现在的社会情绪,我们的大众心态没有它们那个时候的乐观和自信。原因在于,我们非正式的制度建设可能滞后了。这种非正式制度的建设在中国还有一个重要性,就像刚才何老师说的,我们建立这样一套适合现代市场制度,同时又符合中国的文化传统,面临很大的挑战。原来的中国文化传统,"三纲五常"也好,"新三纲五常"也好,跟现代市场经济制度的一些观念和理念可能有冲突。现在的市场经济制度讲究公平竞争,每个人都有机会的公平,有责任的公平,有成果的共享。这与我们的文化传统可能有一些冲突,怎样在这个冲突中寻找一种合适的平衡,引导中国经济向持续、健康的方向发展,我认为这是我们从经济发展角度探讨价值体系,探讨社会责任体系的重要意义。

我认为要在建设新文化的过程中建立一个责任共担的体系,也就是政府、企业、媒体、学校、个人都有自己要履行的责任。但在这个社会共担的责任体系中,我认为优势阶层、精英阶层应该承担更大的责任。

刚才讲到的闯黄灯的问题,一方面我们批评政府监管的失当,另一方面有些人就说,中国的老百姓素质太差,你到国外去会发现,在黄灯前面,大家早早就停下来了。与此类似,有一个非常流行的观点,就是民主不能太急,因为老百姓的民主素质太差。道理很简单,老百姓如果没有基本的素质,教育水平低下,没有足够的信息,无法做出判断,重要的社会权利交给这些人,怎么能保证他们做出合理的选择和决定?

但是,所有这些民主的素质论,我觉得反映的是一部分知识分子和精英阶层的傲慢与偏见。为什么这么讲?大家想想,坚持所谓民主素质论的人其实忽略了一些最基本的事实。说美国的民主好,但是美国的民主不是第二次世界大战以后才开始的,是二百多年前开始的。二百多年前,难道美国人民的教育水平和素质比我们中国老百姓现在的高吗?再来看俄国,按任何国际标准来看,俄国老百姓的教育水平和素质都很高,但是,俄国的民主没有出色到哪儿去。所以,如果民主取决于素质的话,那更大程度上应该是取决于领袖和精英阶层的素质,以及他们的责任感。美国和俄国民主的区别可能更大程度上在于华盛顿和普京的区别,更大地取决于在社会中是不是有更多的精英阶层和知识阶层愿意为别人的权利而奋斗。我觉得这可能是真正决定一个民族好坏的根本。刚才任总讲到台湾的情况,我非常认同。所以,我们在未来的文化重建中,在价值体系、道德体系的重整中,精英阶层、知识阶层应该承担更大的责任。谢谢!

胡舒立:在精英的问题上,我和洪滨商榷一下。什么是精英阶层?一个定义就是只有在能够用他的知识、能力去思考超过个人短期利益之外的社会公众长远利益的人才可以算为精英。所以,这有一个因果关系,如果你不能这样思考,就不是精英,或者没有精英意识。

任志强:我认为,社会责任应该是所有人共同为你想建立的社会去努力,这里没有精英、不精英之分。有人说,或者精英们说,我们现在要求民主还不够资格,因为我们的老百姓没有水平。那么,用何教授的话说,是不是一百年以前,我们就不应该共和?如果一百年以前我们有资格共和,今天为什么没有权利要求民主呢?我们的老百姓一百年以前就具备这个资格了。何教授说,可能我们现在用一些非正规渠道的特殊教育来提高人民的觉悟,才有可能实现民主。那我可能被搞糊涂了,只有制度才能决定非制度层面的东西啊。

有一本书叫《从贪婪到慈善》,可能讲的就是蔡院长想谈的社会责任问题。这本书主要讲的是一位记者与巴菲特和比尔·盖茨两人之间的对话,征求了74位专家对他们对话的意见。最后得出的结论是,如果不从制度层面解决问题,就不会有慈善。比尔·盖茨想用慈善改变资本主义制度也是不现实的。如果我是一个企业,上市的时候打出一个牌子,企业是为了广泛地实施社会责任,不是为了盈利,会有股民买我的股票吗?我们要把自己的定位搞清楚之后才能说,哪些事情是我们额外要做的。这两者的关系如果混为一谈,认为慈善是一个法定责任,这个国家可能就没救了。

所以,先要确定本身的责任是什么,之后才能谈你额外要承担的和社会相关的责任。大量的公益事业能改变企业地位吗?改变不了。根据证监会的要求,上市公司专门有企业社会责任的内容披露。每年登一大堆,但是有人看吗?没人看。大家只看和报表相关、和盈利相关的一部分内容。我们的制度偏向导致人们并不关心社会责任。

我们不解决社会制度问题,不从根本上解决一个共识的问题,就很难谈到用社会责任,或者说用潜意识的办法教会人们提高觉悟,这几乎是不可能的。李金华主席说开发商不人道,买的房子质量不合格。在日本,从来都不是开发商管质量,是生产单位管质量,只有中国把建筑商生产的质量责任推给开发商,这是我们的法律制度出了问题。要避免这个问题,我推行了一条叫质量担保的制度,这是在建设部挂号的,但到目前为止只有十几个单位执行了。全世界都在执行质量担保,为什么中国不执行这一政策呢?归根到底还是我们制度的问题。

曲向东:谢谢任总,下面回到何教授这儿。

何怀宏:我赞同任总所说的制度是优先的,甚至某种意义上是根本的。有些人经常讲是不是中国人种出了问题,或者中国民情不适合共和民主,等等。我认为不是这样,我觉得中西方古今人性差不了太多。但是人的德性,尤其是公共德性是需要训练的,而且这一训练是要有一个过程,甚至是一个艰苦努力和自觉的过程的。制度的确是有力地影响人的行为的杠杆。制度是优先要考虑的。我之前所说的"民为政纲"也首先是对政府的约束、对权力的约束。

但是,我也觉得制度不是万能的,制度和人总是处在互动之中的,制度需要靠人去建立,去维持,去巩固。但人也需要适当的训练和组织。我最近总在强调结社自由比言论自由更优先、更迫切,因为结社可以通过组织来训练人们的公民素质和公民德性。我们也不要落入制度拜物教,不要奢望有完美的制度,或者说建立了好的制度一切就都会好起来。

另外,我也深深感觉到,这么多年天翻地覆的变化,打翻一切,推倒一切,总是重起炉灶,带来许多的问题。我们更多地应是要考虑建设,而不是破坏。在这种情况下,就不仅要考虑制度,也要考虑人。中国必然走向一个共和的社会,真正共和的社会,然而再没有什么比从君主制向共和转型的社会更需要所有公民的政治德性和积极参与了。中国也必然走向一个民主的社会,但是再没有什么比一个从威权向民主转型的社会更需要公民社会、公民组织的训练和法治了。中国也必然走向一个自由的社会,但是再没有什么比一个自由的社会更需要最基本的对法律和规则的尊重以及个人的自律了。中国也必然且正在走向一个价值追求趋于多元的社会,但是再没有什么比一个多元的社会更需要一种基本共识了。

所以,我觉得我们有必要反省。我不是简单地说要建设一个"三纲五常"的社会。有些根基性的东西是看不见的,其实很多人在这方面已经做得不错了,但是还有一些做得不好,尤其是在涉及权力,或者权钱交易等方面。谈到对纲常的认识,我觉得我们可能受到了两点不利的影响。第一是近百年来的有色眼镜,从"打倒孔家店"、"礼教吃人"、"名教杀人"一直到"四大绳索"等,对纲常,用梁启超的话说就是"尊严已亵"。第二是世界性的相对主义甚至虚无主义盛行,我们基本上不太相信有什么天经地义的东西。但是真没有吗?最基本的,比如不杀害无辜、不欺诈他人、保存生命,等等,难道没有吗?我觉得是有的。纲常的要义就是讲这些天经地义的东西,将绝大多数人心中本有的东西发掘出来。

曲向东:请刘晓光先生补充一下。

刘晓光:刚才大家实际上把社会责任主要讲到民主和制度上来了。乔布斯讲:"活着是为了改变世界。"如果从更深的角度讲社会责任,现在我们可能有很大的一个问题要考虑,就是中国的改革问题。我们为改革而担忧,为改革而呐喊,为改革而出谋划策,这可能是社会责任很重要的一个方面。另外,在社会责任方面,我写过一段"中国梦",习近平主席也讲到伟大的民族复兴。我的体会是,中国的知识分子有一个很大的责任,应该在将来把"中国梦"具体化。所以,我提出三个层次,第一层叫做民族复兴,第二层叫做"中国梦"具体化,比如之前"美国梦"的房子、汽车、厨房里的火鸡等。这还不够,我觉得第三层还要寻找构成"中国梦"的价值观的东西。我觉得这些都构成了社会责任的内容。

曲向东:谢谢刘晓光先生。接下来请蔡院长。

蔡洪滨:制度再怎么设计都不会是完美的,所以,我认为非正式的制度还是非常重要的。我也同意中国的体制问题非常多,这些问题不解决,中国没法前进。但是,反过来,这不是意味着其他人就没有责任了。刚才舒立说什么是精英,什么是精英责任。对于媒体来说,制度上是有很多障碍需要突破,但是,反过来也有相当多的媒体没有做到自我约束。

掌握话语权、掌握影响力的精英阶层,除了批判体制问题以外,应该担负起自己的责任。阿拉善组织或是其他的公益基金,我觉得它们是在能力范围之内,对社会的进步起了推动作用,并带动其他人做同样的事情,这个影响我觉得也是不可忽视的。体制的问题也好,政府的问题也好,当然需要我们去批评,去推动。但是,如果我们把所有批评的焦点都集中在这里的话,其实背后隐含的还是希望有一个完美的政府、完美的体系将我们的问题都解决,还是政府依赖的感觉。舒立刚才说到精英的责任,我看了一些企业家的传记,有一些感悟。乔布斯回到苹果的时候,要求一美元的工资;麦肯锡的创始人有很多次将企业私有化并占有大量股份的机会,但是他没有这样做;银行家老摩根去世后,大家发现他的个人财富比大家预期得少很多。这些企业家放弃了把自己个人财富最大化的机会,才造就了伟大的企业。

所以,企业家的责任感、价值观对企业文化、对企业的未来有相当大的影响,这就是我说的精英阶层为什么在价值体系的重建中要承担更多责任的问题。怎么定义精英阶层当然可能需要从各个层面去考虑。在过去中国经济三十多年的发展中,只要你有幸利用这种机会,推开机会的大门,取得某种意义上个人的成功,都可以被定义为精英阶层。但是,精英阶层不应该在自己推开了大门后,顺手把门关上,还对后来者说,你们活该。精英阶层应该做的是自己推开机会的大门后把这个门缝拉得再大一点,让更多的人看到光明的希望。这才是精英阶层应该承担的责任和中国未来希望的所在。

胡舒立:我们讲精英意识和精英身份,精英意识还是应该思考中国的改革和为推进达成改革的共识而努力。因为中国现在并不是说已经走上了一条清晰的、健康的发展道路,以至于我们不需要对大的方向有太多的担忧,可以比较多地想相对小一点儿的问题。我们还是要有对重大问题的感知性和对重大问题表达态度的坚持性。我觉得刘晓光刚才讲的是对的。谈社会责任,我觉得中国现在最大的问题还是在改革方面缺乏共识,有末世情结,有暴力情绪。

在这种情况下,怎么尽快推动改革共识的重建,我觉得这是当前知识界,或者是有精英意识的人,需要思考的关键问题。

那么,什么是改革的共识?现在社会的分化程度比较大,特别是既得利益阶层,在过去这些年又发展为利益不同的各种利益集团。他们并不是简单地反对改革,而是反对对自己不利的改革,寻求能够增加机会的改革。所以,改革这个概念也被弄得错乱不清,导致公众一方面憎恨口头改革,对政府的公信力产生怀疑,另一方面也憎恨打着改革的旗号,却不能为公众和国家的长远利益带来扶持,反而是为既得利益集团增加寻租机会的行为。

我觉得寻求改革的最大公约数可能比较重要,现在看来真正能够建立改革共识的基本点就是《宪法》了。新一届领导人已经提出"依宪治国",推动落实《宪法》,防止《宪法》虚置。经济体制改革有一个社会主义市场经济的目标,那么政治体制改革有什么目标?应该就是在依宪治国的框架下有一个比较清晰的社会主义宪政目标。比方说民主的问题。刚才志强强调民主,我是非常认同的。但我想问的是,微博是不是民主?微博是一种大民主,不是一种程序民主。中国其实还是应该在《宪法》的基础上尽快落实,建立违宪审查机制,当然,《宪法》也有不完善的地方,需要调整。我觉得这应该是当前最大的共识,应该是知识界、精英界推动的事情。

任志强:我也认为媒体有时候会干一些坏事儿。原因是什么?原因还是制度问题。如果媒体不是审批才能成立,而是任何人都可以办媒体,媒体还敢敲诈吗?没有特权,怎么能敲诈勒索呢?我认为看问题应该看现象的背后是什么,这个现象的背后就是制度问题。另外,如果财产权利不能得到保护,人身行动权利不能得到保护,从根儿上我们不可能超越或者成为发达国家。包括现在城镇化的发展,如果没有土地的自由交易和产权制度保护,可能也发展不起来。全世界来看,城镇化有三步,第一是农村向城市转移,第二是小城市向大城市转移,第三是大中城市中心向外转移。但是我们国家没有第三。没有第三,就不会有第四——形成城市群。城市之外是集体土地、小产权房,不能自由买卖,所以财富只能停留在市中心而出不去,公共资源也就出不去。所以,一定是财富向边缘转移之后才形成城市群。但是土地制度告诉你,不行。在国外,从市中心外买一个庄园,买一个小村,然后村变成了镇,镇变成了市。所以,用制度解决问题才是从根本上解决问题,如果不从制度上解决问题,老从表面现象上解决问题,我们根儿上的病永远治不了。谢谢!

曲向东:谢谢,我相信蔡院长还是有话要说,但是由于时间原因,我可能就得到这儿打住了。最后请何老师讲几句。

何怀宏:听到刚才大家讲的有很多共鸣。我也觉得,制度是首要的、关键的,是下手的优先途径。在这方面可以指出一点,中国几千年来,只有官本位是唯一没有变的,这是一个长达数千年的弊端。我觉得出路就在社会的权、钱、名分流要有制度的保障。比方说,我希望从北大做起,不请高官当院长,切断权、名的不当交换。还有权、钱交易的问题,人不能既想当官,又要发财。官员财产的公示制度应该是大势所趋,势在必行,当然可以稳健进行。让普通人向社会公布财产是侵犯隐私,是不可以的,但是对掌握大量公共资源的官员就是绝对有必要的。商人也是这样,好好赚钱,先聚财,如果愿意的话未来再散财。学者好好做学者,能发声就发声。权、钱、名分流,这要靠制度,靠法治。中国要优先落实宪政,走向经由法治的民主、落实法治的民主。

曲向东:今天这个论坛是我主持过的论坛当中很少有的,基本上我插不进话去,因为每次我想提一个小问题的时候,都会有人把话筒抢走了。大家能够感受到不同观点之间的强烈的差异,尽管也许他们思想的核心是一样的,只是角度、立场和表达的方式不同。我想这就是北大的论坛,北大光华新年论坛应该让每个人都充分表达自己的观点。我们不追求有一个共同的结论,因为假如在短短的一个多小时之内得到了一个共同的结论,那么新制度、新文化、新思想的诞生就变得太容易了。希望每年都会有这样的一场争论,争论是诞生思想最好的地方。我们也希望每个人都能表达自己的声音和观点,这样我们的最大公约数,也就是符合最多数人利益的社会责任和共享的价值,自然就会浮现而出。非常感谢台上几位嘉宾跟我们分享他们的观点,也感谢各位观众。谢谢!

嘉宾介绍

于鸿君 北京大学光华管理学院教授,北京大学党委副书记、纪委书记

经济学博士,北京大学光华管理学院金融系教授、博士生导师,国家社科基金重大招标项目首席专家,国家级精品课程"微观经济学"主讲人。现任北京大学党委副书记、纪委书记。担任的学术职务有:中国国际经济交流中心理事,中国系统科学学会副理事长。

西安交通大学本科毕业后留校任教,后考入北京大学国民经济计划与管理专业攻读硕士学位,获经济学硕士学位后攻读外国经济思想史专业博士,并获经济学博士学位。

近年来主要从事新制度经济学、国际金融与管理、区域经济学和公司治理等方面的研究工作。

曲向东 著名电视节目主持人、策划人,北京大学光华管理学院校友

北京行知探索文化传播有限公司董事长,玄奘之路、极之美品牌创始人。曾任中央电视台《经济半小时》、《对话》、《大家》节目主持人。他同时策划发起了玄奘之路"商学院戈壁挑战赛"、"戈壁成人礼"、"刀锋领导力实践营"等高端心灵励志和培训活动。他从2007年开始关注南北极探险旅行,并于2010年创办了中国第一家专业的极地旅行机构——极之美极地旅行机构。还推动创办了玄奘之路公益机构和戈友公益基金会,是社会公益事业的积极推动者。

刘晓光 北京首都创业集团有限公司总经理,北京首创股份有限公司董事长,首创置业有限公司董事长,阿拉善SEE生态协会创始会长

曾任北京市计委总经济师、副主任、首都规划建设委员会副秘书长。

于1982年毕业于北京商学院,获经济学学士学位,现任中国社会科学院、北京交通大学、北京商学院客座教授,硕士、博士生导师。

瑞士达沃斯世界经济论坛会员,中国企业联合会、中国企业家协会常务理事,中国房地学会副会长,中国企业家论坛理事会理事,北京市房地产协会副会长,阿拉善 SEE 生态协会创始会长、现任理事。

曾荣获"2012 中国地产 20 年最具影响力人物"、"2012 中国地产年度行业领袖人物"、"2005 年中国经济年度人物"等称号。

何怀宏 北京大学教授,博士生导师

1988 毕业于中国人民大学,获哲学博士学位。研究领域主要集中在广义的伦理学(包括政治哲学、人生哲学)以及中国社会历史与当代中国。20 世纪 80 年代主要研究西方哲学、伦理学,译有《正义论》、《无政府、国家与乌托邦》、《伦理学体系》等 10 部著作。从 90 年代迄今专意于有关伦理学原理和中国历史文化的著述,且进入对应用伦理学等领域的研究,著有《良心论》、《底线伦理》、《伦理学是什么》、《生生大德》等,主编了《生态伦理》等书,并从传统正义的角度的撰写了两部解释中国社会历史的著作:《世袭社会》与《选举社会》。对精神信仰与现代社会的关系也高度关注,著有《生命的沉思》、《道德·上帝与人》等。

任志强 华远地产股份有限公司董事长

北京华远浩利投资股份有限公司董事长,北京银行股份有限公司董事,并在华远地产持有股权的合资公司或下属公

司担任董事长、总经理等职务。

全国工商联房地产商会执行会长,中国房地产研究会副会长,阿拉善SEE生态协会理事、章程委员会委员,中国企业家论坛理事,中国经济体制改革研究基金会副理事长。

曾当选为北京市西城区人大代表,北京市第九届、第十届政协委员,现任北京市第十一届政协委员。多次参与国务院、建设部政策法规的制定,包括2003年国务院"18号文件"的制定等。

胡舒立　财新传媒总编辑,中山大学传播与设计学院院长、教授、博士生导师

2009年和2010年,两度被美国《外交政策》杂志评为"世界百名思想者"之一。2011年,被美国《时代》周刊评为"全球最具影响力100人"之一。2012年,荣获密苏里大学新闻学院颁发的"密苏里新闻事业杰出贡献荣誉奖章"。其带领的财新传媒采编团队荣获斯坦福大学授予的"2011年度美国肖伦斯特新闻奖"。胡舒立女士同时担任国际妇女传媒基金会(IWMF)董事会委员、国际新闻记者中心(ICFJ)顾问委员会委员及路透采编顾问委员会委员。

蔡洪滨　北京大学光华管理学院院长、教授、博士生导师。1988年毕业于武汉大学数学系并获学士学位,1991年

获北京大学经济学硕士学位，1997年获斯坦福大学经济学博士学位。1997—2005年任教于加州大学洛杉矶分校。2005年至今任教于北京大学光华管理学院，曾任应用经济系系主任、院长助理、副院长。2010年12月至今，任北京大学光华管理学院院长。

长期致力于博弈论、产业组织、公司金融和中国经济等领域的研究，并取得了丰硕的研究成果，在经济学、金融学国际顶级刊物上发表论文二十余篇，并有众多的中文研究成果发表于国内顶级学术期刊。领导完成多项国家部委委托的重点课题。2006年获教育部新世纪优秀人才称号，2007年获国家自然科学杰出青年科学基金，2008年被聘为教育部长江学者特聘教授，2011年当选为世界计量经济学会会士（Fellow），并于2012年被选为理事会理事。

全国人大代表、北京市政协委员，担任民盟中央经济委员会副主任以及民盟北京市副主委、国家审计署特约审计员、中国联通公司独立董事、中国石化集团外部董事等社会职务。

主论坛总结

2013年被认为是中国经济转型关键之年,改善宏观调控,加快转变经济增长方式,构建扩大内需长效机制,完善分配制度等,无一不是事关中国经济未来健康发展的关键问题。北大光华新年论坛今年选择将视角聚焦在"社会责任、价值共享与治理之道"这个主题上,是因为我们相信,如同习近平总书记所说,"中国梦归根到底是人民的梦","必须不断为人民造福",为人民提供"更好的教育、更稳定的工作、更满意的收入、更可靠的社会保障、更高水平的医疗卫生服务、更舒适的居住条件、更优美的环境"。

新中国成立特别是改革开放以来,中国国力日渐强盛,人民生活日趋富裕,社会各项事业得到快速发展,中国取得了举世公认的历史性成就。但与此同时,收入分配不公导致的财富差距过大,贪污腐败造成的不劳而获猖獗等消极现象,严重背离了价值共享的美好理想。生态破坏、环境污染现象屡屡出现,部分企业缺乏责任担当,假冒伪劣、偷税漏税甚至坑蒙拐骗,"地沟油"、"苏丹红"、"速成鸡"堂而皇之地摆上了餐桌,乃至中国人的国民素质也成为社会特别是网络上讨论的热门话题。

要实现"中国梦",政府、企业,以及社会中的每一个人都必须勇于担当责任、分享价值,这已经成为社会各界和普通百姓的共同企盼,也是我们全面建设小康社会的题中应有之意。2013北大光华新年论坛对这一主题的思考和讨论,恰当其时。

在主论坛上,政协第十一届全国委员会副主席李金华从社会、经济和企业运行三个方面深刻分析了倡导社会责任、进行价值共享的必要性和紧迫性,进而指出"提升经营理念和发展战略的提升,市场机构和社会组织的成长成熟,良好的制度建设和环境营造"是实现这一目标的"理想之道"。政协第十一届全国委员会副主席黄孟复则着重审视了"财富"的内涵。在他看来,除了用于消费,财富更是一种生产要素,是财富创造了GDP,创造了税收,创造了就业。黄孟复希望社会能树立一种更为积极的财富观,支持那些将财富用于生产、用于增加就业的企业和企业家。

对于各类社会责任承担主体,北京大学常务副校长吴志攀特别强调政府的角色,称之为"社会责任最主要的承担者";政府真正信法、守法、护法,企业才可能有更好的市场环境,社会人心才能安定团结。而与老同学吴志攀倡导的"大政府"不同,中国人民银行副行长易纲理想中的政府是一个有限的政府,主要职责为宏观调控、市场监管、社会管理和公共服务。易纲认为,社会责任、价值共享和治理之道在不同的阶段有着不同的内涵、不同的定义;快速的经济发展和日益提升的国际影响力要求中国必须重视在国际上承担与自身相符的责任,参与整个游戏规则的制定,唯有如此才能赢得更广泛的认同和尊重。观点不尽相同,但并不妨碍两位同窗好友在北大光华新年论坛上彼此间坦诚地交流。想必这就是一种"北大气质"。

作为吴志攀和易纲的前辈师长,光华管理学院名誉院长厉以宁教授在演讲中首先厘清了"社会资本"的真正含义,进而提出"信誉是最重要的社会资本"。在厉以宁教授看来,中国目前存在的种种问题,是"信念危机"的体现。因此,"需要有新的信念的建立来指导大家","使每个人都能在这当中发挥自主作用"。厉教授的演讲直击当下国人精神层面的"塌陷",可谓切中肯綮,振聋发聩。

紧接着在论坛的高峰对话环节中,观点交锋更加激烈。首创集团总经理刘晓光、财新传媒总编辑胡舒立、华远地产股份有限公司董事长任志强、北京大学哲学系教授何怀宏、北京大学光华管理学院院长蔡洪滨五位嘉宾,分别阐释了自己对论坛主题的认识和理解。

刘晓光认为,要针对中国的国情来谈企业家价值观,"中国的企业家应该追求两个奖章:一个是社会的奖章,一个是金钱的奖章",建立更多类似阿拉善SEE机构这样的公益组织,这是企业家社会价值的体现。同样作为企业家,任志强更多强调的是制度对推动履行社会责任、实现价值贡献的不可替代的作用:监督政府权力,把权力关进笼子,更多人才能站出来捍卫自己的权利,争取应得的价值。但在蔡洪滨看来,除了制度建设外,"非正式制度"同样不可忽视。制度运行得好坏很大程度上取决于文化因素、习俗因素,以及人的规范和道德水准,因此必须建立一种符合现代市场经济体制,同时又适合中国传统文化的新的文化、新的价值体系、新的道德体系。不管是制度还是非正式制度,都需要具体的"人"来塑造和执行,何怀宏建议要注重提升公民素质和公民德性,发掘人们心中"天经地义"的共通的价值观。胡舒立从自己的专业出发,认为"新闻专业主义"是媒体行业履行自己的社会责任的基础。胡舒立将《宪法》视为下一步改革的"最大公约数",呼吁实现"依宪治国"。

在诚邀各界嘉宾交流、分享对"社会责任、价值共享与治理之道"的同时,光华管理学院呈上了一份沉甸甸的成果——《北京大学光华管理学院社会责任价值报告2012》。作为国内首家发布此类报告的大学商学院,光华管理学院在践行使命、追求愿景的过程中,意识到社会责任的重要性,在学生价值观培养和社会责任研究等方面积极进行探索,力求将社会责任理念融入学院工作的各个方面。

2013年北大光华新年论坛已经结束,论坛奉献的智慧和带来的思考还在持续激荡着每一位嘉宾、每一位现场参与者的内心,我们希望将这种激荡向社会传递出去,让其担责任、分享价值的理念更加深入人心。

分论坛一

社会责任:大学商管学院和 NGO 的使命

> 时间:2013 年 1 月 6 日 13:30—17:00
> 地点:北京大学光华管理学院 1 号楼 102 室
> 主持人:王立彦,北京大学光华管理学院教授、责任与社会价值中心主任

议题一:聚焦大学商管学院的社会责任履行。在改革开放洪流中,大学商管学院在致力于学术研究和培养输送合格人才的同时,学者们直接参与经济社会发展的政策制定,献计献策,无疑贡献突出。可是伴随着 MBA、EMBA 改变大学校园的生态,也引致社会的许多批评、质疑和审视。对此,商管学院的院长们正在思索着,未来应怎样发展?

议题二:聚焦 NGO。在社会运转中,非营利组织已经发挥了重要作用。从现状看,非营利组织自己的运行正常吗?管理规范吗?怎样才能实现更好的良性运行?

圆桌论坛

王立彦：各位来宾，大家下午好。欢迎大家来到第十四届北大光华新年论坛的第一分论坛。我是光华管理学院会计系的王立彦，但是今天有另外一个身份——光华管理学院责任与社会价值中心的主任。

今天下午的分论坛一，设置了两个话题。第一个话题是，商管学院在社会前进中扮演了什么角色。第二个话题是关于NGO的，即NGO应怎样实现良性运行。

近期，商管学院很热闹，不断有新的事情出现。商管学院现在确实面临着很大的问题，全社会突然特别关注它。怎样才是一个好的商管学院呢？这是一个挺大的话题。

另外一个话题是关于NGO的。NGO现在也够热闹，最近不管是红十字总会的事、成都红十字会的事，还是儿基会的事，以及由儿基会信息披露问题引出来的成龙基金会的事，都很多。光华管理学院MBA的同学前些天在成立一个MBA校友会的理事会的改选中，把自己定义为向着规范NGO的模式去变化、发展和完善，可见这个话题现在是很受关注的。

我们今天邀请了多位嘉宾,同时也欢迎大家的现场参与。现在,世界上著名的哈佛大学、剑桥大学、牛津大学、斯坦福大学,都在追求"负责任的商学教育"(Responsible Business Education),从这个角度,有几个同学告诉我,他们也想谈谈心得和体会。有些同学是MBA,有在校的,也有已经毕业的。我们今天还有两个硕士生,目前在外面做NGO相关的工作,我们也请他们回来担任嘉宾。

总之,欢迎大家一起来参与,对这个话题进行讨论,让我们都有所长进,达成有所发展的共识。

首先请仝允恒老师做一个完整的阐释。仝老师担任MBA指导委员会的秘书长很多年,所以MBA在中国大学里的成长与发展过程他很熟悉。当然我们今天不是让他谈MBA教育,主要是谈商管学院在伦理道德、社会责任相关的教学、研究、社会参与等方面的表现。这类事情的前前后后,都是他脑海里的一本账,或者几本账,有请仝教授。

仝允桓:谢谢王老师。各位嘉宾,各位老师,各位同学,很高兴来参加2013年北大光华新年论坛分论坛的活动,尤其是很高兴见到许多老朋友,大家一起来就商管学院的使命、战略发展、制度建设、学生培养、知识创造、社会影响等话题展开讨论。

近年来,企业社会责任(CSR)是个热门话题。早在1995年,Elkington就提出了三重底线的概念,认为企业对更广泛的社区负有责任,而不是仅仅对它们的股东。1999年1月,时任联合国秘书长的安南在达沃斯世界经济论坛年会上向全世界的企业领袖呼吁,遵守有共同价值的标准,实施一整套必要的社会规则。2000年7月,联合国全球契约正式启动,号召全世界的公司遵守在人权、劳工标准以及环境方面的九项基本原则,目的是向全球推广企业责任理念,动员全世界的公司直接参与减少全球化负面影响的行动,推进全球化朝积极的方向发展。

十余年来,企业社会责任受到越来越多公司的重视。公司发布企业社会责任报告已经是非常常见的事情。我非常高兴地看到,北京大学光华管理学院今天也发布了一份社会责任价值报告,我问王立彦老师这是不是中国商学院的第一份社会责任报告,他说没有调查不敢说,他是非常谨慎的一个人。但是我想说这是我见到的中国内地商学院发布的第一份社会责任报告。

应该说不管是公司还是学校,对社会责任都越来越重视。一方面,社会对企业承担社会责任、对商学院承担社会责任有越来越高的期望。另一方面,各种利益相关者,包括外部投资者、企业内部的员工,也对企业社会责任越来越关心,因为每一个人都希望在一个拥有共同价值观和道德观的机构工作。

我们看到,近年来,越来越多的公司更加强调企业社会责任的战略价值,将符合社会和生态可持续发展的要求作为企业经营战略的一部分,强调企业公民行为,重视慈善行为,关注利益相关者,强调环境保护和资源节约。

我们还看到,一些领先企业正在摆脱在三重底线中利润与社会、环境效益是交换关系这一观念,转向寻求整合的商业解决方案。从强调企业社会责任到超越企业社会责任,将"秉持企业社会责任的理念"与"发挥商业机制的作用"结合起来,通过可持续的商业机制实现可持续发展,通过技术创新和商业模式创新实现可持续发展,并在不断变化的环境中保持长久的竞争优势。

我们今天的话题是商管学院的社会责任。商管学院是一个教育机构,商管学院有责任提倡和传播企业社会责任的认知和理念。

李嘉诚先生讲过一段话："理性是智慧的源泉,愚昧是人类最大的敌人,所以教育是如此重要。"教育不应该只是一纸文凭或仅是一个学位。教育是掌握人生的导航器,是一个发现世界和发现自我的旅程。专业知识、语言能力、创意和慎思明辨的思维相互构成了一个平台,让我们可以怀着热忱和稳定的心态争取成就,服务社会、民族和国家。正因为如此,教育是一切传统和进步、尊严和智能的基石。知识可以改变命运,这就是教育的承诺。

这些年来,要重视企业社会责任教育已经是全球商管学院的一个共识。各国的商管学院都在增加企业社会责任方面的课程和专门方向,以满足MBA学生的需要。大多数中国MBA培养院校也已经将企业社会责任引入到教学环节中。

2006年12月19日,全国MBA培养学校(当时有96所)的管理学院院长发表了一个"西湖宣言",宣言提出:"我国的MBA教育以科学发展观为指导,以推进构建和谐社会为目标,秉持可持续发展的理念,强调管理学院所应承担的社会责任,并倡导将社会责任教育融入MBA教育全过程,帮助学生增强对各类社会组织及其管理者所肩负的社会责任的理解,并在毕业后能够以对社会负责的态度判断问题、做出决策、采取行动。"

2009年5月18日,全国MBA教育指导委员会做出决定,修订《关于工商管理硕士(MBA)研究生培养过程的若干基本要求》和《关于EMBA培养过程的若干基本要求》,加入有关企业社会责任和商业伦理教育方面的要求。新的MBA和EMBA培养基本要求规定:MBA和EMBA教育项目的"课程设置、教育环节或课程内容中应包含有企业社会责任和商业伦理教育方面的具体内容和明确要求"。全国MBA教育指导委员会还决定委托北京大学和上海交通大学牵头建设企业社会责任和商业伦理课程。

2008年10月,国务委员、国务院秘书长、全国MBA教育指导委员会主任委员马凯同志提出了对MBA教育的要求,其中包括:要把科学发展观渗透到MBA教育的各个环节,要将社会责任教育与专业知识培养置于同等重要的地位,加强可持续发展理念教育,加强企业公民意识、商业道德和环保意识的教育。

2011年9月29日,马凯同志在"纪念中国MBA教育20周年大会"上的讲话中又一次强调:"要注重商业伦理的教育,加强MBA学生的社会责任感,树立良好的道德价值取向,使社会主义核心价值观念贯穿于企业文化中。市场经济确实是竞争经济,但是市场经济首先还是契约经济,还是诚信经济。很多企业家光想着竞争,光想着挣钱,不择手段,没有信誉,这是很可悲的。目前社会上反应强烈的食品安全问题、生产安全事故问题、假冒侵权问题,等等,都与企业家的经营理念和经营方式有关系,都与缺乏诚信有关系。所以我们要教育学生把企业利益放在公众利益和社会利益大局中去实现。希望将来查出来的非法案件里面,没有咱们MBA的学生。"

将企业社会责任和商业伦理课程内容纳入MBA教育,关键在教师、在学校。所以我们今天讨论商管学院的社会责任具有更根本的意义。

王立彦老师邀请我参加这个论坛活动时,提出了一些很现实的问题:大学商管学院在致力于学术研究和培养输送合格人才的同时,学者们直接参与经济社会发展的政策制定,献计献策,无疑贡献突出。可是伴随着MBA、EMBA教育的发展,大学校园的生态正在改变,这也引致社会的许多批评、质疑和审视。那么,在这种情况下,商管学院该怎么做?未来商管学院该怎样发展?2012年8月份,我们北京大学光华管理学院举办第二届全国商学院企业社会责任教学研讨会的时候,有老师在上面也谈了他的困惑,比如,企业为什么要履行社会责任?是出于利益还是出于道德?是主动还是被迫?我们对学生进行社会责任的教育,是从功利的角度还是从道德的角度,或者是从使命的角度来谈?我们讨论商管学院的社会责任也有这个问题。

我这算是一个开场白,把一些问题都提出来,下面请嘉宾来谈谈自己的看法。

王立彦:谢谢仝老师! 仝老师说话很谦虚。接下来别的老师再说,我们下面的方式要灵活一些。第一轮每人先说5分钟,先从徐信忠老师开始。

徐信忠:企业的未来决定国家的未来。我觉得中国大学的第一个责任,是怎样把中国大学和商学院办成世界一流的大学和商学院,我想,众所周知,中国的大学越来越被社会抛弃,既有经济实力学习又比较优秀的学生越来越多地选择海外大学。无论北大也好,清华也好,最好的我相信依然是本科项目。但是今天,社会开始用脚对中国最好的大学来投票。2012年7月份被炒得沸沸扬扬的,正是中国的一些状元们在选择北大、清华和港大之间纠结的讨论。

第一个问题很简单,北大光华过去十多年的发展,就是努力把光华变成世界一流的商学院,让未来的孩子们还有个选择,是去哈佛、牛津,还是北大,我觉得这是商学院的第一个使命。

第二个问题是在教育中,过去的三十多年高等教育取得了非常快速的发展,在这个过程中大学忘记了自己的本质是什么。大学的本质很简单,就是教书育人,但是书还在"教",人却不"育"了。我们所有的招生环节、培养环节考虑更多的都是"才",忘了"才"之前还有个"人"字。在培养学生技能的时候,忘了给学生些"道"。这是整个中国大学过去三十年走歪的地方,只重视"术"不重视"道",只重视"才"不重视"人"。所以今天中国对学生的价值观、道德观、做人的教育出现了偏差。中学、小学学生的主要目的是走过这座"独木桥",可以理解,因为只有这样才可能走进中国最高最好的学府。所以大学现在承担了本应该在小学就开始的,乃至父母就应该做的对孩子人生价值观的教育。所以我想,怎样培养学生的人文关怀、社会责任、独立、自由、对人的尊重,是我们当前本科教育中考虑得非常少的。

第三个问题,光华管理学院的蔡洪滨院长在前面的主论坛上讲到一点,在过去三十多年中国社会阶层的流动性基本消失了,能走进中国一流大学的,包括中山大学,已经很少有来自偏远地区的、来自贫困地区的、来自城市的低阶层的学生,作为大学我们不可能改变所有这些现象,但是作为中国的大学有这么一个责任:对于来到这个大学,来到这个学院的学生,应该给他提供最大的帮助,让每个学生都受到均等和最好的教育,而不是即便到了大学,依然是你的家庭决定了你的未来。所以在这一点上我们非常值得向海外的哈佛、牛津这种大学学习。

我们有时会看到这样的报道,某某学生考试优秀拿到哈佛的奖学金,这是胡说八道,哈佛绝对不会因为学生所谓的"优秀"给予奖学金,能够到哈佛,在哈佛看来都是优秀的孩子,所以奖学金只根据家庭的条件来决定是否给予,而不在于所谓的"优秀"。奖学金在中国的理解完全错了。同样到每年的7月份,中国的一些大学为了抢所谓的"状元"提供大量的奖学金,这很荒唐。

商学院这个名字起得很好,前面的"商",就是 business,就是商业,后面的"学"依然是大学,所以在"商"和"学"之间,商学院应该怎么平衡,我觉得需要艺术,需要技巧。过去十多年,中国少量的商学院过于把商学院变成"商",忘了它还是大学的一部分。我想未来商学院还要慢慢往"学"这边靠,而不是往"商"这边靠。

严厚民:我在香港20年,一直在香港的大学工作,以前在美国大学工作过,现在服务于香港城市大学,今天也是第一次有机会回来和大家一起交流。

讲到企业的社会责任或者商业伦理,过去我在Toronto修MBA课,"The business of business is business, ethic"这些东西都是20、30年前就要修的。由于商学院这么多年来在国内得到了大规模的发展,大家的眼光也都放在商学院的身上。其实社会教育、伦理教育,不仅仅是一个graduate school的事情,刚才徐院长也讲到,是上大学,甚至上中学都应该讲的事情。

我有一个小孩在美国上的菲利普安多弗中学(Philips Academy Andorer),他们学校的校训是NonSibi,意思是不以自我为中心。他们学校的座右铭是"Goodness without knowledge is weak",即好人没有知识是很软弱的一个人,以及"Knowledge without goodness is dangerous",即如果你有很多的知识但人不好,这是非常危险的一个事情。

所以在那样一个学校里面,学校的第一件事就是让你先做一个好人,好人就简单到这么一个地步,对什么样的事你都要nice。对于做人这件事,我不是在帮商学院推卸责任,从教育人的角度来说,中学、大学、商学院都得管,到了MBA和EMBA的时候再来管,也许就有点迟了。我们在香港,现在本科生有20个学分左右人文方面的课程,你必须要修六七门课,这样的课好多在大学的时候就应该要修了。

就像刚才徐院长提到的,美国大学招生看哪个学生功课好是必须的,讲到奖学金,不少好的大学如今是根据学生是否需要财政资助来决定的,而不是因为成绩好。不仅美国的大学这样做,美国的中学都开始了。菲利普安多弗中学从2005年开始,为低收入和中等收入的家庭提供财政资助。所谓的财政资助与奖学金不同,你家没有钱给你,你功课好却没有。

我觉得我们商学院除了社会责任感以外,还应该有什么东西是要推进的,从技术的角度上,我觉得我们商学院的教育除了社会教育一定要有之外,其实对MBA也好,EMBA也好,那些技术性的东西也许还要加强。

我最近有一个经历,我刚刚去法国访问,我们访问了法国的国家电力公司,在那边我们专门看了他们所谓的风险管理的一个中心,法国的核电站在世界上比例都是非常高的,所以他们对核电站的风险管理抓得非常非常紧,其中有一条让我觉得特别惊讶,他们做风险管理的人都是一些经济学家,他们把核电站分成几种不同事故的等级,小的怎么样,中的怎么样,大的怎么样,对经济上会有什么样的影响,把这些东西全部算出来。在计算的角度上,他们就会发现有一些事故是不能担当的,所以在各个方面都要紧张起来。

相反,一年多前,我们的邻居日本,福岛有一个电站出事情了,是由于所谓的海啸把他们供电的东西弄坏了。其实你现在想一想,当时他们如果在第一时间,就用海水来把反应堆给冷却下来,事故也许就不会发生,但问题是,电站是3月11号出的事情,3月底就已经到了40年的使用期,由于商业上的训练,他们想着电站也许能再用20年,所以不敢拿海水冷却。

对于商学院来说，我们一方面进行伦理教育，另外一方面，如果对技术的教育、风险管理的教育多了一些以后，往奶粉里加东西的事情就会少一点，你在做的时候就要分析一下，这个事情出来以后是没办法收拾的。一方面我们大家要注重伦理教育，另一方面，我们技术的教育还要加强，这就是我的一些想法。

罗占恩：各位同学，各位校友，我没有上过商学院，我只是作为一个局外人谈一点我自己的看法。因为我们普华永道每一年都招聘，我也到校园去宣讲，每年我大概面试二三十个学生。我有三个层面的感受。

第一个层面，我自己的感觉，我跟很多学生也在讲，我们在教育里面是不是缺了几个环节。我在上大学的时候，也是出于好奇，就看《道德经》、《庄子》、蔡志忠的漫画，思考世界和人到底是怎么回事，即所谓"道"的层面。我们作为一个人，不是一个只是为了生存的动物，一定有更高的追求，需要更高的认知，思考"我是怎么回事"、"我的本质是怎么样的"。

比如说我们有基督教、佛教、伊斯兰教……其实都是在回答一个"人是怎么回事"、"宇宙是怎么回事"的问题。当然我也有我自己的一些认识，或者说是感悟，这可能是形而上学的东西，但我觉得这个东西是很重要的，人不是为了活着而活着，他存在的目的不是为了存在本身。

我自己的体悟，是一个悟道，是在知识基础上的一种体验、体悟，这样你才能把世界看得清楚，把自己看得清楚。

第二个层面，我们不管是上大学也好，找工作也好，读商学院也好，其实都是在研究整个经济社会各个方面、各个行业发展的趋势，研究整个社会潮流在往哪个方向发展。我们要顺应这个潮流，因为我们要更好地生存,只有生存才能有更好的发展。其实这是一个对形势这个"势"的一种认识,列子御风就是讲"势",顺势而为,你要加入某一个行业,对它在什么阶段,是在萌芽期、成长期、成熟期还是衰落期,你要有一个认识,这种认识往往会给你添上一对翅膀,顺着风列子就可以飞行,几千里几万里,再顺着风飞回来,这是对大势的认识。

第三个层面是一种"术",我具体做什么?MBA 是参与企业的经营管理,会计师是帮人家做审计、财务,还有工程师等,具体的社会分工,就是"术"这个层面。我感觉从小学到大学都是从"术"这个层面来讲,很少讲"道"这个层面。"术"的层面有一点不足,我们讲了很多的屠龙之术,第一,大家没有屠过龙,第二,没有见过龙,我在大学读过十门会计课,当时分得很细,工业会计,外贸会计,学了很多,我都考 90 多分。但是我参加工作以后,还搞不清什么是总账,也搞不清哪个是明细账、哪个是凭证,我在毕业的时候,1993 年参加注册会计师考试四门也全过了,我觉得我在知识层面的准备已经很充分了,但是发现到了战场上我根本搞不清楚,我工作了几个月才知道,原来会计是这么回事,从它的数据的采集,到凭证生成,到记账,再到生成报告资料、对外披露,倒回去怎么查,才知道会计是怎么回事,说明我们对实践的接触太滞后了。

所以以我有限的观察认为,能不能创造一种更好的环境、学术氛围,对"道"的感悟给大家更多的机会,对整个经济、社会、科学各方面的形势的发展,多一些认识、研究和大家自觉的一种体察;在传道、授业、解惑时,能不能多培养一些实际操作能力,这些也是一种社会责任。如果我们的学校培养出来的学生,第一,能干活,第二,有责任心,第三,能够不断地发展,那么其实对社会、对我们这个世

刘正琛：我首先跟大家讲一下我个人的经历，以及在管理方面的心得。

我是2000级应用经济系的硕士，那时候几乎没有上过管理学的课，其实学院是给我们安排了课的。当时系主任邹老师说我们要搞一点"阳春白雪"的东西，所以很崇尚理论鄙视应用，不仅跷管理学的课，甚至跟中国经济有关的专题我们也不去听。

2001年12月，我得了白血病，得病之后医生说最好的方案是骨髓移植，但是国内骨髓库特别小，所以当时敢为天下先的无畏的精神就出来了（虽然后来看起来是"无知者无畏"）：我们决定自己来发起建立民间的骨髓库。就这样一直做到现在。2009年我们注册为北京新阳光慈善基金会，主要的使命就是抗击白血病。我们机构现在有二十多个全职员工，一年收入和支出的资金量都达到一千多万，在国内算一个中等规模的基金会。

在2008年以前，我经常特别后悔，为什么没有上管理学的课，因为发现带一个团队真的很不容易，所以后来买了一些管理学的书来看，看着还是觉得挺迷茫的，因为发现书上看来的东西，比如管理的工具，特别是管理学有很多KPI，你要真想用起来是有很大落差的，特别是我们的机构又比较小。

后来发现不仅仅是一个"术"的问题，还蕴含着"道"的问题。我们的团队特别不稳定，当然也有客观原因，2009年这个基金会才成立，之前我们机构对外的身份都是"北大阳光志愿者协会"，是一个学生社团。实际上我们从2003年就开始有全职员工了，我们给他们发工资，没有保险。第一个员工工作三天就走了，原因是没有工作氛围，因为我平时不在办公室，我当时在学气功。又过了一段时间慢慢有人工作了两个月、三个月，到现在最长的工作四年了。在2007年、2008年的时候，我觉得是我这个人的问题，我没有领导力，所以我要买点领导力的书来学习。当时我几乎把所有跟领导力相关的书都买了。对我帮助最大的是《仆人式领导力之路》，它里面有一段话，"爱是恒久忍耐，又有恩慈，爱是不嫉妒不自夸，不张狂，不做害羞的事，不求自己的益处，不轻易发怒，不计算人的恶。不喜欢不义，只喜欢真理。凡事相信、凡事包容、凡事盼望、凡事忍耐"。这本书的作者告诉我们，这段话是可以拿来一条条反省自己的。比如"爱是恒久忍耐"，我们说爱我们的同事，爱我们的团队，爱我们的工作，你能不能做到很有耐心又有恩慈？当我们可以帮助别人的时候，有没有及时帮助别人？不嫉妒别人？每一条都可以用来检讨和反省自己，总共15条。从那之后我发现，原来有这样一个层面——领导力，而领导力更多的是强调内在的东西。

不知道大家有没有看过哈利·波特的作者罗琳在哈佛大学毕业典礼上的演讲。她引用了希腊作家Plutarch的话："What we achieve inwardly will change outer reality."意为"我们向内的寻求，将会改变外部的世界"。这也就是中国圣贤之一王阳明先生所说的"反求诸己"。简单解释一下就是，现在这个社会上谁都不傻，如果想带好自己的团队，除非你是真的关心你的同事，关心他们的成长，给他们创造机会、创造平台，让他们取得更大的成功，否则是骗不了别人的。从那以后我开始慢慢理解，原来领导力更多的是和内心的品德有关。北京大学国家发展研究院的杨壮老师写过很多关于领导力的书，就是倡导领导力植根于内心的品格。

我们曾经和南都集团的发起人之一杨晓光先生交流，我们问他觉得领导力最重要的是哪几点。他说第一是道德，当时确实让我们挺吃惊的,但是这一点和西点军校的领导力都是相似的。

稻盛和夫的《活法》中,首先分享的不是怎样管理,而是告诉我们人生的目的是什么——人生的目的就是竭尽所能为人类、为社会服务。锻造我们的灵魂,让我们离开这个世界的时候比来到这个世界的时候灵魂更好一些。

以上是我和大家分享的内容。最后回应一下刚才几位老师的问题。

第一,清华的仝老师提到,有的老师问我们给MBA讲企业社会责任应该是从功利角度还是道德角度来讲。哲学史上有两派泾渭分明的哲学观念:一个是以边沁为代表的功利主义哲学,另一个是以康德为代表的绝对行为价值论。功利主义哲学认为,评价一件事情是否要做,取决于我们的效用被满足的程度,对我们好,那就做,对我们不好,那就不做。而绝对行为价值论则认为,我们做事情只是因为我们必须要做,不应该去想任何后果。

这两种思维方式的争论,是人类社会上千年一直都有的争论。我的理解是,这需要老师因材施教。如果这个学生比较功利,那就告诉他这样有利于塑造良好的企业形象、提升自己的领导力。如果这个学生比较倾向于绝对行为价值论,那就告诉他这就是我们应该做的。

第二,刚才有老师谈到,到了大学再谈这个是不是迟了一点,我觉得这个永远都不迟。人生是一场修行,而修行是无止境的。回过头看,现在比起刚做阳光骨髓库的时候,我的内心和品格都成长了很多,但是和耶稣、王阳明先生、特蕾莎修女这样的圣贤比起来,差距还是很大的。从某种角度来看,在品格方面光教育是不够的,还需要人们亲自去体验。我们在幼儿园时期、小学时期,很多事情只是一种概念,但是我们一旦到了青春期发育之后,有了新的变化,原来的教育也就不够了,需要有更多新的碰撞和学习。我当时上本科的时候有一个老师说,"Never too late(永远都不迟)",我希望和大家分享。如果我们能从现在开始向内寻求,那就会感受到这些变化,这是真的,永远都不迟。

在工作里面,一方面是我们自己的修行,另一方面,你作为一个团队领导者,对你的团队的员工也有教育的职责,这种教育不仅仅指学校里老师对学生的那种教育,更多的是他们走上工作岗位之后,我们对他们的带领,这是一点一滴体现在你的一言一行和每一个选择里。我曾经遇到这样一个案例,有一个很大的国企,有中间人问我,那个国企愿意给我们捐100万,但是负责拍板的人要收30万的回扣。我犹豫了很久,拖了半年的时间,就拖过去了,现在想起来非常庆幸。其实我们在日常工作里,不管是这样重大的决定,还是我们与同事的沟通,你怎样对待你的同事,你愿不愿意真心对他们、为他们好,甚至给你的下属去打伞,愿不愿意为他们去拎包,这一点一滴都是可以看得到的,这是渗透在我们工作里的一点一滴的言和行里面、是体现出来的。我想和大家分享的就是这些,谢谢!

李志艳:大家好!我2004年从光华研究生毕业,2008年和合伙人创办了一个社会资源研究所,主要为企业和公益组织提供社会责任方面的研究、评估和咨询服务。

仝老师提出了一个特别好的问题,就是企业的社会责任,到底应该从功利的角度,还是从人文的道德角度来解读。

在工作过程中,两种角度我都用过,有的时候到企业里面,到工厂里面,确实要从利润角度、企业发展的角度来阐释社会责任。但是,从我内心来说,我更加赞同,除了利润的视角外,我们还应换一个角度来理解企业社会责任。如果我们仍然按照利润和经济的逻辑来理解企业社会责任,就将偏离企业社会责任最本然的思想。

企业社会责任的本然含义是,企业是整个社会的有机组成部分,除了经济功能之外,它必然要为社会的可持续发展,为人类、为环境保护等各个方面做出贡献。一家企业成长壮大之后,它不仅是一个经济机构,同时也是一个社会机构。因此,当我们仅从利润的角度来理解企业社会责任时,我们就把企业社会责任定义得过窄了,也偏离了企业的根本属性。

另外,刚才徐老师提到,商学院在培养人才时,有了"才"而忘记了"人"。企业社会责任也一样,它关注的一个非常重要的层面就是"人"。而"人"之所以为"人",不仅在于他能创造价值,也在于他拥有的权利和自由。比如,企业社会责任的重要责任之一是劳工责任,劳工拥有自由结社、免予强迫劳动等权利,这些都是员工作为一个"人"本身应享有的权利,是企业和企业主不可侵犯的权利,而不是企业出于对利润的诉求,或者出于企业主的善心所赋予工人的。

在实践过程中,我们经常看到这两个派的观点在打架。关注企业社会责任的有两个人群:一批是NGO代表,一批是企业代表。他们都有非常好的愿望推动企业履行社会责任。但是,NGO代表经常说企业代表忽略了人权的视角,企业代表则常常感到NGO的权利视角过于强势,缺乏专业和商业视角。大家之所以会觉得这种权利的视角过于强势,我的理解是和商学院的商业教育有关。商学院的管理教学太强调效率,太强调利润的视角,而忽略了权利和道德的视角,没能很好地向学生传递出这样一种理念:我们的管理对象——员工、客户、合作伙伴,不仅是利润的来源,更重要的,他们还是作为"人"的存在,拥有作为"人"的基本的权利和自由,而且这些权利不是企业赋予的,而是天赋权利。在商学院里做企业社会责任教学,我们有责任把这样一种视角输入到商学院的整体教学内容中去。

我想挑战一下徐老师的观点,我觉得商学院这个名字起得不好,它太强调我们的管理应用于商业的角度。比如说我在光华读管理学,我们学的很多都是大公司的商业管理案例,宝洁的,微软的,IBM 的,看的都是这些案例,我当时学得并不激动并不兴奋。后来是什么时候我觉得对管理学重新燃起了兴趣和热情呢?是我看到了尤努斯获得了诺贝尔和平奖,他把这种商业的管理手法用于帮助孟加拉地区妇女还有当地特别贫困的乞丐去创业。管理学、金融学可以用在这些方面,他触动了我。

后来我接触了 NGO,它们本身也很需要通过专业化的管理来提升它们给这些社会当中各种各样的人群提供专业服务的能力。当我看到这些的时候,我重新对管理学产生了兴趣,管理学可以为社会上不同层面的人提供非常好的价值。商学院把我们这个服务对象界定为商业就太窄了,我们的服务可以提供给更多的社会组织、更多的社会弱势人群。这是我作为光华管理学院毕业的学生的一个看法,我们不仅给跨国公司培育人才,还可以给社会组织培育人才,还可以培养更多的拥有管理素养的人给社会的弱势人群,给不同的角落的人提供支持和服务,我觉得这会相当地精彩。

王立彦:谢谢。时间过了三分之一,第一轮大家都讲了。下面的话题分两部分,前一部分让我们几位院长互相探讨,后一部分侧重于 NGO 本身及其管理运营。我们邀请中国青年报社副社长张坤先生来谈一谈。我看到他们最近在做企业社会责任调查,调查里面讲到了很多调查记者是学校的学生。这个角度特别好,学校的学生走到企业里面去是和商学教育相关的角度,对此他们有一个很正式的调查,我们请张社长在这里讲一讲这个话题,有请张社长。

张坤:各位专家,老师们,同学们,新年好!非常荣幸,我可能是本分论坛被邀请的唯一的媒体代表。我们不是一家企业,也不是NGO。《中国青年报》的宗旨是:推动社会进步,服务青年成长。但是从本质上,我觉得报纸之"道"与大学之"道"在某种意义上也是相通的,比如在传递人的价值、传递社会公德和社会责任方面。我想结合《中国青年报》2012年两个与NGO和社会责任有关的案例,来分享我的两点体会,一个是关于社会责任方面的,一个是关于NGO的良性运行的。我不是NGO专家,我是从媒体人的角度谈一下。

第一个案例,2012年5月31日,中国青年报社启动了以"青年态度"为特色的"中央企业社会责任评价"项目。在这个项目启动之初,我们就明确表态,这不是社会责任排行榜,而是一个基于媒体第三方立场的中央企业社会责任交流互动平台,也是一个中央企业社会责任的舆情监测平台。

从全球看,大型企业的"业绩品牌"表达时代已经过去,"社会价值品牌"传播正在成为主流。公众以及企业的利益相关方对企业履行社会责任的要求越来越高,并已经呈现出标准化、刚性约束的新趋势。由54个国家和24个国际组织参与制定的《社会责任指南》(ISO26000)即是这一趋势的直接体现。

《中国青年报》作为一家以青年为主要对象的中国主流媒体,有着强大的公信力优势,有责任在中央企业与青年的信息沟通和互动方面有所作为、发挥作用。我们尝试以第三方身份独立公正地组织开展中央企业社会责任评价。除了一些传统的方式,比如企业履行社会责任报告,正面的、负面的、线上线下的调查等,还有舆情监测平台、多媒体传播展示等。

在项目开展过程中,我们尝试做了以下探索:

一是积极开展青年精英走进中央企业活动,创新中央企业与利益相关方的沟通方式。2012年7—12月,中国青年报社与中国高校传媒联盟先后组织了包括香港、澳门在内的五十余所高校的大学生记者走访国家电网冀北承德供电公司、中国石化中原油田和中国交通建设集团"港珠澳大桥"工地,通过深入中央企业生产第一线的探访考察,让他们了解中央企业的真实状况和中央企业员工的精神风貌,进而了解中央企业的社会责任履行状况,较好地实现了中央企业与公众的良性互动。

特别是全国大学生记者训练营(中原油田站)活动,中国石化董事长傅成玉给予了高度评价:"让新时代的大学生走近石油工人,走进生活,不仅让他们对今天的普通劳动者和国企员工有了更深刻的理解,同时,也对当今社会有了更加契合实际的了解。这对国家、对社会、对国企、对学生本人的成长,都是非常有好处的。"

二是《中国青年报》整合旗下报纸、网站等媒体资源,联合社会多家主流网站,通过手机客户端等多种形式,客观、公正地报道中央企业履行社会责任的信息,为促进中央企业和以青年为主体的社会公众沟通提供多媒体支持。

三是《中国青年报》开通热线电话、QQ群、微博等,通过报社所属的40家驻外记者站和100名新闻观察员等多种渠道,多视角、全方位持续不断地搜集公众对中央企业社会责任的评价。

四是《中国青年报》社所属的中青华云公司,对中央企业履行社会责任的情况进行舆情监测,并将相关信息向有关中央企业进行反馈,以期改进和提升中央企业履行社会责任的水平。

"青年态度·中央企业社会责任评价"系列活动增进了青年大学生与中央企业在履行社会责任方面的理解与共识,提升了青年尤其是未来商界领袖的企业社会责任意识,提高了中央企业履行社会责任的水平。

第二个案例,2012年下半年,《中国青年报》与上海的复地集团公司做了一个很有意义的公益活动——"中国青年志愿者公益圆梦行动"。我们联合企业设立公益基金,用于支持青年志愿者申报的公益项目。志愿者提交的公益项目非常多,涉及环保、支教、关爱农民工子女、关爱失独老人等多个方面。

因为这项活动是有公信力的媒体主导,因此很多NGO愿意与我们合作。我们特别强调活动运营经费与公益基金完全分离原则,确保圆梦基金全部用于资助公益项目;坚持活动参与网络化、流程透明化、结果公开化,主动接受第三方及社会监督,确保活动公平和公正,这是我们这个项目最大的特色。

社会上不乏爱心人士和企业,但账目不清、公益专款挪用等不良现象的曝光,使得公益事业遭受信任危机,企业有公益心,但是没信心。"中国青年志愿者公益圆梦行动"坚持"活动组织实施、推广传播等运营经费与直接用于资助公益项目的基金完全分离管理"原则,从源头上确保了活动公信力。

坚持活动参与网络化、流程透明化、结果公开化,主动接受包括司法公证机构在内的社会监督,确保项目公平和公正。公众在官方网站可了解全部重要节点和重要信息;每个申报的公益项目都必须提供完整、清晰、可行的项目预算,并通过网络进行公示。而每个获得"圆梦基金"的个人或团队必须填写自律承诺书,在公益梦想实施过程中,必须对项目实施过程进行展示,接受项目志愿监督员的全程监督以及第三方机构的评估和验收。

关于非营利组织的良性运行,我想简要谈三个观点。

第一点,是关于诚信机制的建立,今天《中国青年报》有一篇报道,是说中国慈善透明报告表达了这样一个信息,六成的公众对慈善组织信息公开不满意,不满意度已经超过了一半。这主要是诚信机制建设的问题,由于时间关系,就不展开详述了。

第二点,进一步完善法人治理结构,完善社会责任体系建设和专业财务审计制度。我想表达一个观点,我们能不能在这方面更加技术化、专业化?什么叫专业化、技术化?据我简单了解,美国有很多非营利组织,它们的收入来源除了社会捐赠、政府支持,超过一半是来自社会各种公益服务收费和经营性收入,实际上这是合法的,关键是如何进一步通过政府监管以及限制使用来规范这一行为。其中最关键的,是能不能用更加专业的、技术化的方式向社会公开,怎么用专业主义来化解现在人们对公益组织的不信任。

第三点,非营利组织需要进一步建立它自身的全新的管理模式和运营模式。前面有专家提到"社会企业"这个概念,或者叫"公益企业",《中国青年报》在2009年就开始推广"公益企业"这样一个概念。2011年年初我们在全国三百多所高校年会上专门讨论了一个话题,是关于大学生怎么认识"社会企业"的。一方面是政府拥有的资源太多,垄断性太强,另一方面是我们的私营经济虽然不发达,但是市场化程度越来越高,因此处于中间位置的非营利组织、公益组织这一块是中国目前比较缺乏的。也就是说,处于政府管理和企业经营之间的社会管理,包括文化服务,这种公共服务体系还是非常薄弱的,这恰恰是"十八大"报告中着力强调的,未来五到十年应该进一步加强和壮大的。如何在政府和市场中间,进一步健全和完善我们的非营利组织的全新的管理模式和运营模式,这也是我们大家需要共同面对、共同探讨的重要话题,谢谢!

王立彦:下面请三位院长自由回应,接下来也会请同学们说一说。

仝允桓:商学院对学生进行社会责任的教育,至少在表面上没有人表示反对,认为这是一件应该做的事情。在企业里为什么会有这样一种从功利的角度出发的观点?履行社会责任对企业也是有好处的,老师也这么教,企业也能听得进去,这其实和思维方式有关。我们商学院在教育时,甚至我们社会在教育时,对思维方式的训练有不足之处。比如说我们早期读马克思的著作,马克思有一个论断,即社会扩大再生产有两种方式:一种方式叫内涵扩大再生产,一种方式叫外延扩大再生产。读过政治经济学,都会知道这样一个结论。这样一个结论到经济实践中,就变成国家设置计划委员会,新建项目就归计划委员会管,算是外延扩大再生产;设置经济委员会,技术改造项目就归经济委员会管,这是内涵扩大再生产。实际上这两个说法是一回事,可能就是对一个经济活动的两个侧面做的一个分析,但是在我们的理解上就成了两件事。

我觉得我们现在对社会责任的认识,跟我们这些年的经济学教育有关。因为经济学应该是社会学科中科学化程度最高的学科,它可以从基本的假定、边际条件推导出整个体系结构化的东西,管理学做不到这一点。但是它的推导必须有一些作为起始条件的基本假定,也就是初始条件。比如说理性经济人假设,企业追求的就是利润最大化,经济学就是这么谈的,结果在商学院里面一遍一遍地说,使得整个社会都接受了,潜移默化地接受了这个观点,企业就是追求利润最大化的,大家就都接受了这个观点。但是这些年来大家发现，企业不仅追求利润最大化，可能还关注股东的价值最大化，后来发现还不对，还有其他的利益相关者，结果又是追求利益相关者的价值最大化。谈到企业社会责任时，企业还不应该只为股东负责，而是应该为整个社区贡献自己的一份力量。

其实我们回头来看看，看看2000年以前，中国古老的文化对商业活动早就有过比较深刻的描述，2000年前的人们都认识到了，商业活动不仅仅是逐利。2000年以后变成了这样一个过程，从逐利开始发现并不完全是逐利，这就是一个思维方式的问题。从这个意义上讲，商学院教育学生的角度，或者说是对思维方式的教育，可能是更根本的问题。

另外，我们商学院还有一个问题：商学院到底是一个什么机构？"商"是公司，"学"是学校，这两个的结合就是商学院。商学院是一个什么机构？仔细想这个机构还是很奇怪的。企业作为一个机构要追求利润，要考虑利益相关者。商学院追求什么？代表谁的利益？其实把这些问题想清楚，可能更容易有一个共同的出发点。比如，商学院应该怎样看待社会责任？应该把学生看作产品，还是把学生看作顾客，抑或把学生看作伙伴？我们现在怎么看待学费的问题？怎么看待商学院里面有些行为，明知道它对社会不那么有利，但是商学院也干？怎么看待这些问题，这可能是可以更深刻思考的问题。

徐信忠：首先，大家可能不知道，贵州是中国最贫困的省，而且比倒数第二还差很远，所以厉以宁老师很早就开始思考如何帮助贵州省的毕节地区。2007年我在光华负责EDP项目，开设了"光华毕节领导干部培训"，由企业捐款，光华提供智力资助。所以企业尽了社会责任，光华也尽了光华的责任，帮毕节地区所有的干部轮番培训,开拓他们的视野和理念,发展毕节地区的经济。

在这个基础上我想到一个事情,就是怎样改变当地未来一代孩子的命运,也改变当地未来的命运,改变他们的教育。大概2008年、2009年,我们在毕节地区的小学里面开设了博雅图书馆,一个小学我们提供大概几千本图书,价值15万元左右的图书。我相信一个孩子如果五年或者六年的小学多读了72本书,这个孩子的未来一定不一样,我相信这一点。所以到目前为止我们可能建了接近30家这样的图书馆,这件事得到了毕节地区的大力支持,当时我去的时候,组织部长亲自陪我一直做这件事,他们非常重视。

其次,我讲一下我现在的单位中山大学岭南学院。大家知道北京大学的校园叫燕园,原来是燕京大学的校园。中国在1952年前有13所美国教会办的学校,其中一所就是岭南大学,它的命运与其他12所大学是一样的,岭南大学在1952年被国家关闭了,岭南大学并进了中山大学,中山大学搬到了岭南大学的校园。它从1888年成立之初,校训非常简单:"Education for Service",教育的目的是服务。最近我参加了一个岭南大学校友聚会,是毕业65周年的聚会,最年轻的校友86岁,最年长的校友90岁,他们还在计划70周年、75周年的聚会。去年全球校友大会是在多伦多举行的,有500多位老人来参加这个聚会,这就是教育的伟大。

所以岭南大学的故事真的是一个非常美丽和动人的故事。改革开放之后这些校友开始进入大陆,帮助中国的经济发展,同时他们还有一个梦,希望恢复岭南大学,这是13所原来的教会大学中,唯一一个恢复了名字的大学。所以岭南学院的名字有点特别,叫岭南大学学院,因为它曾经是个大学,教育部坚持只能叫学院,妥协的结果就是叫做岭南大学学院。这个学院几乎是由校友支持做起来的学院。其中一位校友在她一生中给了学院几千万元的资助。最近我去看望这位校友的女儿,感谢她的父亲、母亲对学院的支持。两个星期之后我又收到一张50万美元的支票。

学院从没有忘记"Education for Service"这样一个校训。我们有个中心叫EHS(Environment, Health and Safety),关注两个方面:第一个是员工发展环境,第二个是员工的健康和安全。在过去5年里,这个中心对数千家企业的主管发展环境和员工安全健康的中层管理人员进行了培训,尽管有的培训企业可能利润达几百亿美元,但是我们几乎在免费为他们培训。

其实做公益也好,培养人的品格也好,都是从小事开始的。岭南学院的学生最近做了两件事。学院的一位学生发起成立了"有爱"(U&I)商店,这应该是中国第一个慈善商店,学生可以在毕业的时候把书、衣服捐给这个商店,他们经营卖掉,再资助孩子们,应该是第一个在广州民政局注册的慈善商店。第二个叫"5点课堂",很多外出务工人员的孩子的教育是有残缺的,他们不太可能去培训学校上课,因为没有钱,他们5点放学以后也没人照顾,所以学院的学生就组织了5点课堂,把这些孩子接到我们学院的教室里来,从5点上到7点,等孩子的父母回家了,再把他们送回家。

刚才大家讲了很多诚信的问题,现在大学生的就业违约是个很严重的问题。我在光华的时候,年年代表光华跑到企业去向人家道歉,因为我们的学生违约了,签了三方协议又不过去了。所以我在岭南学院做了一个决策,绝对不允许学生在任何情况下违约。第一年非常艰难,学生给我很大的压力,在我办公室哭闹,甚至有家长跑过来闹的。但是我告诉每一个人,如果你做人连诚信都做不到,你就不是一个未来有发展前途的青年!第一年坚持下来了,后来就非常简单。谢谢大家!

严厚民:大家都知道,香港一共就七八所学校,香港大学时间长一点,其他的学校都比较年轻。每个学校来的学生也不一样,比如说香港大学的医学院,他们的学生毕业以后,就在港岛上开诊所,中文大学医学院的学生毕业以后,就在新界开诊所。这说明什么呢?说明香港大学的学生本来就是有钱人家的孩子,中文大学的学生都是钱少一点的学生。城市大学就更差一点,我们的学生很多是家族里的第一代大学生。

讲到大学是做什么的,我想主要是做两件事:第一件事还是教育人,第二件事就是对知识的创造。先从教育人的角度谈,我们的这些学生既然是从基层来的,在这个过程当中能够让他们有一些国际的视野,我们学校认为是非常重要的一件事。所以我们在各方面都做工作,我们要让我们的学生知道别的年轻人在想什么,所以像我们商学院,本科生的一半以上都有一个学期交换留学的机会。

几个月前有一组学生跟我谈话,我问他们想干什么。一个学生说,他想做交换生;一个学生说,他妈妈希望他做交换生;另外一个学生问,他怎样才能做交换生。所以从教育人的角度来说,我觉得我们学校的一个想法,最基本的想法,还是要教育人的。

另外一个,也是我们讲得比较多的,香港的学校过去几年做得比较成功的,就是我们的研究。我们对研究、对知识的创造是写得明明白白的,我们对老师的要求也都是讲得明明白白的,就是所谓的 journal publication。

今天早晨也讲到对于教师来说,我们要求他们做研究,也有一些配套设施。我们的研究经费在香港特区政府那边都是可以拿到的,你就好好写你的 research proposal 就可以。我们不太需要接社会上的项目,那些都是事先给你命好题的,而且经费都是说好的。就从这个角度来说,我们对于诚信的要求,对于学术研究这个诚信的要求,对于教师的要求,也是给学生做一个榜样吧。

我们的学校第一就是教书育人,第二就是创造知识。对于教书育人的要求,我们的学生参加很多的活动,讲到 NGO,我们的学生也都是参加很多的。我们香港有一个慈善团体,叫"Yes We Do",他们到安徽、四川的几所学校去,人家经常说你们给我们捐个图书馆吧。然而他们就发现,他们最希望的就是捐图书馆,但你如果捐了图书馆、捐了图书以后,图书锁在图书馆里,小学生一样也借不出来,主要原因就是学生会把图书毁坏。"Yes We Do"发现了这个问题,所以他们把图书放在安徽的好几所学校的教室里面。我们一年给每个班买 20 本书和定期的杂志。学生把书看坏了,就达到我们的目的了,因为书就是让学生看的。一方面我们要参与,另一方面我们要用心去想,去观察。如果有这样的事情,大家慢慢想一想、做一做,很多方面都是可以做到的。

大家会发现,在美国经常有大学生毕业了以后,第一年不工作,去参加"和平队"。现在我们很多华人小孩子也有往这方面发展的趋势。从家长的角度来说,如果做一年一定是支持的,但是如果说做很长时间,可能心里还是有一点点不愿意。我们家的小孩子也要参加的时候,我是什么态度呢?他的活动我也参加,就是用这种方式来表示对他活动的支持。大家都做一点,哪怕做一点很小的事情也都是有用的。谢谢!

仝允桓:我刚才看了一下报告,刚才徐院长提到的北大光华在贵州毕节做的那些事情,是非常有意义的事情,我觉得这件事恰恰体现了光华的社会责任。

我最近去上海参加一个会议,得知华东理工大学在做一件事情。他们跟贵州松桃苗族自治县签了一个协议,对这个县里面乡以上的干部,全部免费培训一次,如果学院做不到这一点,是要赔偿的。

另外,华东理工大学还做了一件事情,帮助外地到上海去的这些新融入上海的务工人员、新上海人,举办了"融入都市"的一个活动,给他们做一些培训,做一些辅导。

我觉得这些事情,像光华跟贵州毕节做的事情,华东理工大学跟贵州松桃苗族自治县做的事情,是应该提倡的。

我想应该在适当的场合发一个倡议,让我们的商学院,尤其是大城市的商学院,都去跟类似贵州、青海这样的地方,搞一个这样的项目,这实实在在地能够推动中国社会的进步,是非常好的一件事情。

商学院,尤其像北大、清华、中大等这样的学校的商学院,拥有的资源是贫困地区不可想象的。我们做的这些事情,真正能够推动社会进步。我们商学院跟社会的关系,在这个地方才能够体现出来,体现出我们推动社会进步的作用。

王立彦:谢谢三位院长。我从联系我的同学中请到两位来分享他们的感受。第一位有请MBA救援服务队队长娄珺,他们在做救援队。一般认为应该是消防队搞救援,MBA的同学做救援做什么呢?他们做的救援其实是广义的,比如他们去幼儿园、小学里讲怎么逃生。想想看前几天,刚在河南兰考县革命老干部焦裕禄的家乡,一个家庭的7个小孩被烧死了。请娄珺同学就刚才院长们谈到的从商学院的角度怎么商讨这件事,和大家分享一下你的看法。

娄珺:谢谢大家!首先感谢王老师、在座的各位领导和同学给我这个机会，向大家介绍一下我们 NGO 的情况。

我们是北京大学 MBA 救援服务队，主要宗旨有两方面：一方面向已经毕业的 MBA 校友所在的企业，以及他们的孩子所在的幼儿园、小学、中学，普及在紧急情况下的自救和救人知识；另一方面针对在光华管理学院的在校生，进行意外突发伤害情况下如何自救和救人的培训。

在国外发达国家，这种突发紧急情况下的自救和救人的知识是从小学就开始学的。但是我们国家在这方面是非常匮乏的。举个简单的例子，我前两天看到一个本科一年级的小姑娘，打热水的时候水壶炸掉了，她的小腿被烫伤了，送到医院时已是深度烫伤。当时她可以紧急处理的有两步：第一，她应该在第一时间用大量的凉水冲患处，这样可以减低创伤面的受伤程度，减少起水泡的程度。第二，她应该小心地把她的鞋、袜子、裤子角剪开，这样不会对皮肤摩擦造成二次伤害。但是因为当时她不懂这些最基本的知识，给自己造成了比较严重的伤害和自我创伤。

所以我觉得大家应该多去了解这方面的知识，我们主要就是在学校进行初级急救知识的培训。一开始创建这个团队时，我们只发起比较小规模的培训，觉得谁家没有老人和孩子，互相照顾一下。但是实际上你会发现，我们每一个人都迫切地需要接受和传播这种知识，所以我们就承担起在校友的企业和在学校同学之间宣传教育的责任。我觉得商学院的学生，或者毕业生，不仅应该发展我们的商业价值，同时应该进一步扩大我们的社会价值，新阳光慈善基金会也是同样的道理。

我们从成立到现在，在北大举行了很多场宣讲，但是每次同学都不是很踊跃，大家好像没有这种忧患意识，觉得这种事情离自己很远,不可能发生。大家应该扭转观念,应该重视起来,只有这样才能更好地保护和照顾自己以及自己身边的人。

最后送给大家一句当时蔡洪滨院长送给我们的寄语:"时刻珍惜生命,爱心升华价值。"谢谢大家!

王立彦:王秀丽是2008级的学生,"5·12"地震那年,她们班很活跃。请你分享一下在商学院受教育和毕业以后参与的事情。

王秀丽:各位领导,各位老师,各位校友,大家下午好!非常高兴在毕业两年之后又回到了光华,受王立彦教授的邀请来参加今天"大学商管学院和NGO的使命"这样一个主题活动。

2008年,我们在刚刚拿到录取通知书一周左右的时候,汶川大地震发生了,所以我和2008级的同学们以光华MBA学生的身份,组织了一系列的活动。其中包括我们在全国各地的同学做了近400张明信片,寄到灾区学生手里,一个同学还捐赠了近300个玩具给那儿的孩子们过六一儿童节,等等。当时,这一系列行为引起了很好的效应,我本人也作为北大MBA的学生代表,接受了四川多家媒体的采访。

入学之后,我们在学院领导和老师的支持下,又陆续联合了北大光华的本硕博、MPAcc以及中国农业大学等多个首都名校,开展了一系列的活动,其中包括"心-信相连"系列活动、"四川农民画家·汶川大地震以后走进北大"、协助支持北川民族中学再建等。

我在校学习两年,毕业两年,回忆起我的光华生活,印象最深刻的不是各门功课的合格,不是所获得的奖学金,不是得到的各种奖励,也不是名师的精彩讲授,而是作为一名光华的学生,在公益道路上的付出与回报,所有的一切现在回忆起来都历历在目。我们付出了一点点,但我们收获的非常非常多,其中最大的收获就是帮助别人的成就感，我觉得商学院学生的社会责任感在我和我的同学身上得到了体现。

刚才各位领导，还有各位院长、各位校友也谈到了商学院应该去做的事情。我个人的一个看法是：我觉得商学院毕竟还是一个教书育人的地方，我们不是一个慈善机构，不是这样的专业组织。我们还是应该用我们做的公益活动来影响我们的学生，树立一个正确的公益价值观，以这个为主题来行动，当然这些活动必须要落地，必须要让学生参与进来，这样他们才能受到影响！我就说这些，谢谢大家！

王立彦：谢谢三位院长！也谢谢同学们和在座各位的参与！我们前面的话题先告一段落，接下来继续讨论NGO的话题。"NGO"这个词与中文的非营利组织能对应上吗？"NGO"用中文直接翻译过来是"非政府机构"，这个词在社会上用会有些问题，所以日常就用"非营利机构"这个概念。非营利机构的范围就宽了，大学、医院、基金会都是非营利机构。我们今天不专门讨论NGO的概念，就来说它在社会上的功能，它自身应该怎样完善，先从普华永道的罗先生开始。

虽然红十字基金会不是真正的NGO，但是在概念上至少听着是NGO。我们看到它们最近发生了一系列的管理混乱，乱在哪里我们不知道，但是它们的账目乱我们是看到了。少儿慈善基金会的解释听着都很好笑，如今的电脑时代，汇总的时候能汇总出来一笔48亿元的往来款项。等到这个麻烦应对过去，他们找了一家事务所去审，审完又给了一个解释，还是说是操作过程中的一项失误。有些社会人士很细心，发现有一笔钱打到成龙基金会去了，马上就有人追问成龙基金会拿钱干什么了，接下来我们又看到成龙基金会的账目的披露。

罗占恩先生是普华永道合伙人,但今天不是把他当成一个查账的人。普华永道最早的时候做得很有名的一件事与会计没多大关系,每年电影界的人梦寐以求的奥斯卡奖的点票人到现在为止还是两位会计师。我今天想请罗先生先来开这个头,因为他审过海外的基金会,看过海外的一些大的基金会,请他从这个角度来谈一谈。正好我们国内有这样的话题,探讨一下 NGO 的运营问题、运行完善问题,当然可以从信息交易账目说起。接下来,我们的两位校友都是做 NGO 的,他们一定会有非常深刻的体会。过后我们有位本科同学也是做与这个话题有关的,请他也来谈一谈。

罗占恩:谢谢王老师!我特意查了一下,NGO 一般来讲包括三种:一种是协会、社会团体,一种是基金会,再一种就是民办非企业。

协会一般要由会员交一些会费,或者国家给点拨款,提供一定的服务功能,组织一些培训会务,这个不会牵扯公众的利益。民办非企业到目前为止我还没有实际接触过,以前我看网上有一些资料上有。

基金会我是接触过几家,也为它们提供过一些服务。红十字基金会也好,一些做慈善的其他基金会也好,它们和企业有什么不同?根据我的了解,它的两头都是开放的,一般企业是相对封闭的。企业从它的投资人那里拿到钱,它的投资人是确定的,就算是公众公司也是很确定的,是对它有约束、管理和控制权的股东。它采购材料是从供应商那边采购,采购的劳务是其员工。它销售的对象是它的公司客户,或者消费者个人客户,都有一个很清楚的界面。只要这个东西买进来,再往后都在我的控制之下,我的东西交付给客户之前,其实也都是在内部的。这种企业运作模式很专业,很重复,并且它的标准化和规范程度很高。比如说我炼钢铁,我就是买铁矿石炼出钢,然后去卖。它的规律很清楚,核算其实是很明细的,这是我们对企业的一般认识。

基金会是什么呢?如果你是私募的,收钱这头是比较封闭的,比如说李嘉诚基金会,他们跟中残联民政部就资助过一些项目,资助多少钱,是很确定的。但是公募的,比如说汶川地震,社会大众通过手机短信,或者向募捐箱里面扔钱,可以放10元或者几元,也可以通过账户捐,或者捐一些东西,比如方便面、被子、衣服,收钱这头是很开放的,这头是它的一个风险环节和薄弱环节。

对于收入这头,不管收的是货币资金还是物资,首要的一点是应收尽收,这些资源都要在它的完全控制之下,就是所谓的完整性。募捐箱大家是投钱进去了,但是没有人知道这个箱子里到底有多少钱。假如我运营这个基金会,我就要确保我拿到手里的钱都要存到我的账户上,我要控制它。在这种情况下,起码要让我的员工张三每天把箱子打开,把钱取出来,存到最近的银行,把回单交给财务。这个张三本身就存在一个道德风险问题,第一天,比如有1万元的捐款,张三把它存入银行,把回单交给财务,做一笔账是可以的。第二天,张三买菜没钱,拿出10元钱暂借,打算第三天再还。第三天他会发现,不还好像也没人找。对这个人如果没有一个规范、没有一个制度约束的话,后果将很严重,因为做错事情没有后果,人是趋利的动物,他慢慢就会把资源挪到自己的身上。作为一个公益组织,尤其是公募的对大众的公益组织,一定要在这个环节上加强这方面的控制。能不能由一个业务人员陪同,或者由财务的两个人一起点捐款,然后存到银行交回来?能不能轮岗,比如今天是张三李四,下月能不能是张三王五?人类的管理和控制,不可能百分之百排除这种错误,不管两个人去数这些钱存入银行,还是每天或每个月轮岗,都不可能百分之百完整无误。其实它的可信性、制度操作的完善性已经提高了,只要有一种合理的制度保证不会出问题即可,这有一个管理成本的问题。这是基金会的第一个方面,收入有可能该收的没有收到,或者被挪用,这是有可能的。如果通过银行,账户里的钱是有系统记录的,你是没有办法篡改的,不可能从银行拿出来10元钱放在自己的口袋里。

其实基金会有两个地方比较难,都是它的核心业务:第一,要把钱筹进来,这是比较难的,你要找一些有钱人或公众,让大家去捐钱,把钱筹到。第二,是把钱给花出去,其实这也是很难的。中残联有一个假肢的项目,比如说一年有几千万元,它要帮需要安假肢但又因贫困而不能安假肢的人。在中国靠近越南的地方,比如广西、云南、贵州,还遗留有中越战争时候的地雷,到目前为止地雷也没有扫干净,那里的人有时候放着羊、走着路就把腿给炸了。腿被炸了以后,几千元钱的假肢他都没办法装,只好瘸着,是很可怜的。这些人在很边远的地方,散布在很多省份、很多县。

李嘉诚基金会和中残联合作,要找到这些人,他们就提到不可能在每一个县建一个假肢装配中心,因为这样成本太高了,只能散布在一些重要的点,病人有可能离最近的装配中心是很远的。第一,要找到人,第二,要补贴钱,请相关政府部门的人找到这些人,一起坐汽车、坐船,到这边住下、装假肢,装完了检查可以,再花钱把他们送回去,要有这样一个过程。其实中间付出很多,不单单是财力,还有很多人力方面的。

我看过他们的宣传图片,这些人装了假肢以后,就能够走路,能够担东西,能够犁地,他的腿的负重没有正常人大,但是这个人绝对不再是一个社会负担、家庭负担了,他能够自立、自己养活自己,生存下去。

所以基金会最难的是把钱给花出去,花到应该花的地方,还要有效益,真的是给人装了假肢,并且是给那些没钱装假肢的人装了假肢。所以你想想这个链条是很长的,第一,收是很分散的,全国各个点收,不管收多少钱,这个过程是很分散的。第二,花也是很分散的。所以在花的过程中要花对地方,花对人,并且是真花那么多钱。在这样一种两头都是开放的系统里面,要有一个合理确切的保证,保证确实钱花到地方了,花了这么多钱,基金会是要做很多工作的。

其实在企业管理和财务运作方面,基金会需要做两件事:第一,是做,你帮别人装假肢,或者是买东西。第二,就是记录,你一定要有痕迹,一定要有证据,表明你做了这件事。只有这些信息能够被抓住、加工、分类、汇总,才变成有用的信息,再倒回去控制过程。

如果一个企业的领导,特别是基金会的管理者,没有任何信息,没有任何可以追诉的,没有被细化的信息,企业就失去了控制。其实这个东西很简单,但是基金会有的时候做法很分散。比如说捐助灾民,这笔钱到这儿了,这个村都受灾了,一人发一百块钱,那些人可能是字都不会签的,给一百就按一个手印,但是从审计的角度来讲,我很难知道这个手印是张三的还是李四的,这个村是不是一百人,是不是五十人他说一百人,一个人是不是只按了一次手印。这个过程没有办法重复,6月份你发了这笔钱,6个月以后我再去找,我很难知道当时发生了什么事情。支出是不是适当的,是不是这样发生的,必须要当场留下记录和证据,并且内部要有这样的监督审核过程,有内部控制的手段和流程,才能够保证业务是在适当地运作。

当然这个过程一定是缓慢的,大家不要太心急。假如你是个体户,后来和别人合伙,你就要记流水账,才能知道赚了多少钱。以后你要引入 PE,还要有人审计,如果成为上市公司了,还要考虑社会责任、报告透明度,这是一个过程。我们的基金会其实是事业单位,叫准政府,它不是政府,但也不是 NGO,它不是独立的,是政府委托它完成一定的职能、提供一定的服务。大家开始呼吁成立一个社会监督委员会还是怎么样,这都是好的开始,因为基金会原来没有意识到,没有人向它要这个资料。

公众是希望你怎么能证明你把这些东西发给了灾民,怎么能证明你自己的清白,就是要有证据,你一定要有这样的痕迹来证明。所以这个过程是一个慢慢规范化的过程。

企业也是一样的。企业首先想到的是生存问题,我怎么能够赚钱养活我的员工,其次才是账目,我的账要记得比较完整,买的东西记在账里,卖的东西也要记在账里。这是有一个过程的。

但是不管我们是运作企业也好,运作公益组织也好,其实都有点像走路,我们不但要把路走出去,还要把脚印留下来,还要把脚印记录下来,来证明它的发生。通过看我们的脚印、留下的痕迹,来看怎么样改进我们的工作,证明我们做了哪些工作。通过透明度、公信力的提升,减少交易成本。

会计师事务所审计,其实是增加被审计对象的可信性,这样的话其实减少了交易成本。有的时候我们做一件事情,做事情本身只花了半小时,但要不要做——相互的怀疑,可能犹豫了几天。当有一种好的制度,大家能够辨别,能够提高互信度时,整个社会的运转自然就更流畅了。把我们的心思和精力用在该用的地方、该帮助的人身上,而不是每天都在说我不信你,我不信他,我也不信自己,这样可能不会产生太大的价值。审计的价值就是促进大家更自律、更规范、更可信。我就说这么多,谢谢!

王立彦:谢谢!下面请两位当事人——正琛和志艳谈谈。你们每个人都做了不少年NGO,肯定有很多心得体会,和大家交流一下。

刘正琛:从非营利组织的概念上来说,NGO、NPO,或者说第三部门,也叫志愿组织,这些都是一回事,唯一一个可以在法律上、从账目上看到的,是非营利组织的概念。你这个机构可以卖服务,可以有收入,但是你的利润不能分给你的股东,不能分给董事们,所以从这个意义上来说,非营利组织的概念是一个广义的概念。

另外就是狭义的概念,我们今天所说的NGO,就是类似于我国的公益组织,比如说红十字会等各种基金会,这些是公益组织,或者叫慈善组织,这类组织在中国内地目前还处于初期阶段。每年政府对这些公益组织都会有评估,2012年北京新阳光慈善基金会获得了最高等级5A级的评级。我们对患者的服务做得非常到位,像刚才罗先生所讲的,我们留下了痕迹:2001年资助了286名患者,累计资助583万元,2002年资助了445名患者,累计资助946万元,每一个接受我们资助的患者都有一个服务的档案袋,他的户口本、家庭经济状况证明、医疗诊断证明都是有的。

公益组织的服务有三类:第一类是直接的服务,比如资助贫困学生的学费、资助贫困患者的治疗经费。第二类是通过项目来提供服务,比如我们基金会有骨髓库的项目,患者需要骨髓移植,找不到配型你给他再多钱也没用。所以患者不仅需要资金,还需要骨髓配型。还有的时候患者是需要输血的,但是如果血库里的血比较少那就没血可输,所以又有了献血的项目。第三类是做政策倡导,我们资助白血病患者,一个患者资助2万元。中国每年新增白血病患者一两万人，这个数据是我们根据《中国癌症分析报告》算出来的。如果每个孩子资助2万元，每年1万个孩子就需要2亿元，这对任何一个公益组织来说都是很难完成的任务，因此就需要我们做一些政策倡导。我们发现中国内地儿童白血病的治疗5年生存率只有61%，但是中国香港和新加坡可以达到83.7%，这是为什么呢？因为治疗方案有差距。一开始我们发现患者需要资金，后来发现患者需要骨髓库项目，然后发现需要政策倡导，还需要对医生的医学研究进行资助。

我2012年12月参加美国血液协会的年会，去之前我觉得我们中国医生在临床试验开发新的治疗方法方面比国外医生是有优势的，因为中国患者多，每个医生的工作负荷很大。但是到了国外之后发现，我们这个优势和国外做起研究来是没法比的。因为国外有多中心的协作，很多家医院、很多癌症中心一起来做研究项目、临床实验等。我们国内因为没有多中心协作的机制，所以好的医院病人特别多，又导致这些医院里面医生负荷特别大，医院内部感染率也高，所以好医院比起国外是有差距的。二三线城市的医院接触不到这些最新的治疗信息，医疗水平根本就上不去，跟国外的差距更大。我们从去年开始推动多中心协作组的工作，这将是未来的一个重点方向，即通过多中心协作组来提升医院之间的协作。

作为一个公益组织你可以做的事情是很多的，从直接的资助到做一些项目、到政策倡导，甚至可以对医生这个群体进行教育，促进医学研究体制的变革。有些人觉得做公益，应该是挣了钱、退了休之后，觉得有钱的时候再做。事实上如果我们想推动一些体系的变化，推动机制的变化，是需要智慧和力量的，所以需要年轻人参与进来,这样才能带来大的改变。我们基金会也在招聘,如果大家有兴趣,非常欢迎大家过来,一起来推动机制的变化。

最后分享几点。公益组织的管理跟企业确实是有很多类似的地方。公益组织有一个"公"字在里面,作为非政府组织,它是要提供公共服务的,因此就多了公正性、公平性、公开性,从这个意义上来说它比我们商学院的管理要复杂。作为一个企业,它告诉你它今年的利润是零,在可预期的将来它的利润永远是零,对这样的一个企业来说,很多成本收益分析方法可能就未必够用了。如果说这样一个利润永远为零的企业是上市公司,那它的股票价值就是零了。所以我们就需要有些新的方法和新的管理工具。

给大家举个例子,我们去陪伴一个癌症病人,陪他两个小时和陪他十分钟,给患者带来的帮助和安慰是不一样的,但是如果从效率的角度来看可能就会有一些问题。前段时间我和一个同事交流,一位患者的配型比较复杂,要不断地核实纠正,我们有一个同事花了四个小时的时间来帮助患者在全世界的骨髓库找配型。最简单的办法是,如果在我们的骨髓库没有找到合适的,就可以给他回复说没有,但如果你想给他更好的服务,就需要找很多很多的骨髓库。一旦涉及公共领域,你的效率概念就要有一些变化,或者根据公益组织的特性做一些修正。

我得的这种病叫慢性粒细胞白血病,有一种药可以长期把不好的基因给抑制住。当时我就在想,如果有一个制药公司,它面临两个投资方案:一种方案是打一针就把这个病治好了,另一种方案就是你得长期控制。制药公司从成本收益的角度来分析,会选择哪种投资方案呢?当然这个例子是假设的。

另外一个例子是真的,我这种药属于第二种情况,需要长期控制,后来有法国的医生很敏锐地发现,有一部分患者是可以停药的,停药以后也不复发,于是这个法国医生就开始做临床实验。如果你是制药公司的负责人,你来主管制药公司的临床实验,对于这样的临床实验你要不要支持?这非常有意思,特别是当公益组织和公共服务相关的时候。

再举一下我们光华贵州毕节的例子。光华的资金来自社会公众,你决定支持一个乡村,定点扶贫,这有没有一个公平性的问题?你把资源不断地倾注到这个乡村,它肯定会变好,但是别的乡村呢?我们推出一个公益项目,要不要考虑公平性的问题?对于绝大多数的公益组织,它的资金是来自社会公众的,所以必须要考虑公正性。比如我们资助白血病患者,去年做中国青少年儿童白血病患者项目的资助,花了一个月的时间做执行方案,调查中国有多少白血病患者。发表在《临床血液学杂志》上的数据显示,中国有400万白血病患者,其中有200万是儿童,但这个数据是错的。我们根据《癌症等级年报》的计算发现,中国每年新增的18岁以下儿童和青少年白血病患者应该是1万到2万之间。我们希望每年资助2000名患者,我们的理念是公正,不管你是容易治的白血病,还是不容易治的白血病,我们都会一视同仁地去给予资助。

一旦谈到NGO的管理,或者非营利组织的管理,我们就会发现一点,它其实是一个交叉领域,是公共服务和管理这两个领域的交叉。去年我帮北京市政府做一个研究课题"对于慈善公益组织的全面质量管理"。说到全面质量管理大家知道有ISO9000、美国质量管理奖、欧洲质量管理奖,这里面有一个核心的原则,即可追溯性、持续改进,在企业里叫以顾客为中心,在公益组织里就是以服务对象为中心。除了企业里的基本原则,NGO的管理还要再加上公益组织的公平性、公开性、合规性。我希望大家能够有这个勇气、有这个毅力参与到这个领域里来。

在公益组织里面,你发大财的可能性不大。一个人的价值是跟你提供的服务相关的,在企业里是这样,在公益组织里也是这样,要看你能够解决多大的问题。你资助了100个患者,每个患者资助5万元,按照中国的规定,你能拿到10%以内的人员薪酬费用。如果你能够把中国儿童白血病治疗水平从69%提高到89%、90%的话,按照每年1万到2万个儿童患者的增长水平,就意味着每年有2000到5000个孩子能够获得生命。这样必然能够找到支持你的机构,或者是制药公司,或者是政府的研究项目,或者是公益组织。

非营利组织管理是一个非常有意思的领域,中国现在非常需要有激情、有能力的年轻人加入,千万不要把它看作一个等你老了之后发挥一下余热的事情。2012年我参加各种国际会议出国了七次,这样的出差强度和工作强度——第一天晚上到国外,第二天早晨出去开会,开完会当天晚上回国,回国之后第三天早上继续上班——等你老了之后恐怕是承受不了的。所以我非常鼓励大家能够勇于改变中国的现状,这些现状单凭商业的解决方案是很难解决的。我们要想提高中国白血病的治疗水平,可能很难以商业的方式去解决,社会问题要用社会的方法去解决。

所以我非常期待和欢迎大家能够投身到解决中国社会问题这样一个领域里来。我们在经济学里学到了效用函数,事实上这个社会很复杂,这是一个真实的世界,我们的效用函数远远没有那么简单,我们每个人不可能只用一个效用函数去代表,至少每个人都会生病,也会老死。在我们有限的生命里面,能不能让我们的社会,让我们的国家变得更好一点,目前在公共服务这个领域里面是有很多机会的,有很多大家可以成就的机会,非常鼓励和希望大家能够加入进来,谢谢!

李志艳: 做公益,做 NGO,不是一个特别苦、特别穷、特别累、特别没有回报的事情,不是这样的。也不是我们想象中的穿得很破,不是这样的一个形象。实际上公益是一个专业的,快乐的,也是能创造社会价值的职业。

前段时间,我们很多商业人士都在批评说公益组织做得不专业,提供的解决方案不够好,效率不够高,我们商业人才加入进来之后情形肯定不一样。但是这几年,大家开始对这个想法进行反思了,因为社会问题的解决的确是很专业的事情。商业做得很成功的人,未必能够在社会领域做得很成功。所以我们也呼吁有才能、有社会关怀、有雄心的人加入到解决这个最复杂的社会问题的行列中来。

今天的主题是关于透明、关于组织运营规范的问题。我们这个组织是有点像社会企业,我们的收入一部分来自慈善基金会,一部分来自我们给企业提供的服务,比如达能、英特尔都是我们的客户。这两种钱是完全不一样的,第一笔是来自公众的捐款,乐施会是我们的合作伙伴,我们拿到了钱,是要非常非常慎重的,这些钱是带着别人的善心的,是不可以随便花的,要做好管理、做好记录,每个项目都是要接受审计的。

但是如果我们给达能、英特尔提供服务,这就是我们的收入,我们有理由也有条件向它们索要更高的报酬。这部分资金也可以用于员工的发展、组织的建设等。我们是一个社会企业,也是一个非营利机构,所以我们是不分红的,即使是这部分收入,我们可以将其用于组织发展,但是绝不能进入合伙人、创办人个人的腰包。

我们提到了儿童慈善基金会的透明,这个账目问题太明显了,40多亿元,接近50亿元,却说是财务人员弄错了。但实际上,很多基金会的账不是那么明显的,因为财务披露要求的三张表都有,你基本上看不出什么问题。所以,外部公开透明的监督固然非常重要,但其实对于任何一个组织,或者任何一个负责人而言,财务内部的透明性和规范性也非常非常重要。

儿童慈善基金会这个事情,对外部它可以说各种各样的理由,但是对内部它想隐瞒是非常困难的。有会计人员,有财务室,每天所有项目的收入、资金往来都是被同事看到的。这时候如果你的财务出现问题,带来的就是团队对你的不信任,谁还愿意跟着你一起干下去?你作为机构创办人在外面讲要实现什么社会理想,要给弱势人群提供服务,但钱却进了你个人的腰包,或者组织管理非常混乱,内部同事都是能看到的。这样的话人员的流动率会非常高,专业人才几乎是留不住的。

我从自己机构管理的角度来说,内部财务管理的规范性和透明度非常非常重要。我以前在我们单位讲过一个最基本的东西:财务管理不是一个看上去是那么有战略性、那么有远见的管理工作,但是财务管理的水平恰恰是反映一个机构管理水平的最基本的风向标。

关于透明还有更高的要求,透明不仅是财务信息的透明,还要求社会效果、我们做事情的透明。比如刚才严老师提到的那个图书馆,我们可以在财务上做得很规范,但是书运到学校没人看,不管你财务做得多好,其实都是对捐赠人和捐赠资金的不负责任,所以这方面的披露也是非常重要的。我们买了多少册图书,运到多少学校,有多少学生看了这本书,每本书的借阅率是多少,看完书他们的收获是什么,这些东西我们称为一个公益项目的社会影响。这种社会影响的披露、信息记录都有助于一个机构获得更多的社会认可和尊重。如果这些都能做到,那么这个组织的管理规范我相信基本上已经做到了。谢谢!

王立彦:谢谢,杨炜乐是我们光华管理学院三年级的本科生,他在参与一个NGO活动,这个NGO的特别之处在于,其活动是为NGO服务。我看了挺好奇,觉得挺有意思。炜乐请你来谈谈这个话题,与大家交换一下想法。

杨炜乐:各位老师,各位同学,大家好!最开始我在光华网站上看到这个题目"大学商管学院和NGO的使命",非常兴奋,因为想和大家分享一下我自己一点点小小的经历。

我从大一刚入学开始就做了很多与公益有关的事情,我做了很多志愿者,去帮助外出务工人员、去西部山区,等等。但是我在想一个问题,如果我是一个商学院的学生,我学的是管理学,我有没有办法用我自己所学的东西为NGO做一点什么事情?在大二的时候我遇到一个机会,我参与了一个组织叫iJoin创新咨询,我们所做的事情就是帮助草根NGO进行管理上的变革。

我在大二的时候接触到第一个客户,是一个已经有九年历史的老牌的NGO机构,在它们领域是一个领头羊的角色。这样一个有九年历史的机构,却只有八九个人,没有任何成体系的制度建设,整个结构是扁平状的,没有一个立体式的分工,没有很完善的流程体系。我们发现了一系列的问题,这个机构的秘书长很希望能够引进一些比较先进的管理方法,让他自己的机构实现一个转型和变革。

我们要帮他做的是,首先理清这个机构的组织架构,每个人负责的事情是什么,把每个人的分工做好,把组织的例会制度、考勤制度、薪酬制度等一个一个整理出来。我跟我的团队成员大概花了六个月的时间,跟这个组织里面所有的员工,一起把这些东西一个个理清楚。在这个过程中有一件巧合的事,我在大二的时候上了一门课——商学院的必修课"组织与管理",很多同学都觉得上面学的内容跟自己的生活有很远的距离,对于一个本科生而言,往往要很久之后才能有机会去建立一个组织的架构。但恰恰就在那个时候,我在课上学了"矩阵式的结构"。在我做项目的时候,就是为那个NGO建立的矩阵式的结构。我们进去之后,把不同项目、项目内不同的人的分工给梳理清楚,建立了一个完善的矩阵结构。虽然他们只有八九个人,无法把每一个空格都填满,但是有了这样一个很好的结构之后,他们能更好地理解彼此之间的权责关系是怎样的,如何把一个项目从开始的申请,到最后的落实一步步走下来。因此,在这个项目中我发现,我们学到的东西是很有用的。它并不仅仅是用在商业机构里面,帮助机构更好地运作其商业关系,甚至更多的时候它可以用在非营利组织、用在很多小的机构里面,因为它们同样也需要这样的服务。这是我做过的第一件事情。

接下来介绍一下我做的第二件事情。在新媒体时代,越来越多的商业机构懂得如何用微博、用整合营销的手段去建立自己的品牌、营销自己的品牌。同样,这些事情很多NGO也希望去做,现在基本上所有的NGO都有自己的微博账户,但是有多少NGO可以把自己的账户运营好,能够真正提升自己品牌的影响力,真正能够帮助更多的人呢?我们通过学习一些微博营销的手段,结合自己微博运营的经验,把它编制成一个培训的系列内容,开始给NGO进行新媒体运营的培训,让它们懂得如何用现有的技术手段,让人们更多地了解一个NGO在帮助的人是一个什么状况、需要什么样的帮助、需要什么样的志愿者、需要什么样的资金支持。大家可能认为 NGO 做品牌是一个很小的事情,但是作为一个非营利组织它有很多复杂的利益相关者,它需要兼顾自己的受助人、志愿者团体、自己的捐赠人。因此,它的品牌要为不同的组织服务,这是一个很复杂的过程。我们也帮助一些小的草根 NGO,甚至是初创期的社会企业,去做这样的一些品牌建设。

社会企业在中国是一个很流行的概念,我们现在也开始探讨这样一个模式。我在一个学期之前,帮助一个北京的事业单位做了这方面的工作,它是做孤独症康复的。这个机构很希望在自己的机构内部建立一个社会企业的模式,做一个样本,能够在自己机构内进行尝试。因此,我们帮助它了解在中国内地进行社会企业的开创有什么过程,在孤独症康复这个领域有怎样的先例,在中国现有的社会情况之下如何更好地建立一个社会企业的商业模式,等等。

不光是我这样一个商学院的学生,其实我们在全中国很多不同的学校里面,在全球很多商学院里面,都在招纳一些优秀的年轻人,希望他们能够参与到我们中间来,作为青年咨询师,帮助 NGO 做一些事情。可能很多人会问你作为一个本科生,怎么能够为 NGO 提供咨询?但恰恰就在工作过程中我们发现,其实 NGO 需要的不只是一种权威式的论断,或者权威式的研究报告,更多的是一种陪伴,这是为什么呢?如果一个 NGO 只有八个人,它是没有足够的时间、能力、人力和物力去思考如何建立自己的机构的。它更多的不只是需要一个报告告诉它怎么去做,而是陪伴它去做。我们现在已经服务了 13 个 NGO 客户,每个 NGO 客户都会历时半年之久,帮它理清自己的现状,制定它的发展规划,帮它把这个规划一步一步落实下去。我们通过这样陪伴式的方式,能够让 NGO 真正通过我们大学生的努力,真的把它建得更加专业化,能够在现在中国的转型社会中更好地发展,这就是我的经历和分享。谢谢大家!

王立彦:谢谢!刚才几位嘉宾提到过,你的捐赠和公益能给多少人,建希望小学能建多少所,我们光华募捐的钱能做多少事情。用我们自己募来的一笔钱,好好来做善事,这本身是很好的。但是宏观来看,正琛刚才提到公平性话题,让这个问题更复杂了。一个乡里面有五个村子,你去了一个村子,另外四个村子呢?这是一个公平的问题。微观来看,捐赠一粒米也是善事,但是从宏观管理的角度来讲,这确实是个问题。

时间过得很快,最后留点儿时间,请各位院长和各位嘉宾简短汇总,把你们想说的,和前面没有说完现在又想到的、总结性的,在一分钟之内做一个小结。

张坤:一句话,我们共有的一种价值,为弱者提供帮助,为富者警醒,为愚者启蒙,为智者共鸣。

仝允桓:其实我们生活的目标、我们商学院的目标不是单一的。学生不仅仅是为了求知识,商学院不仅仅是为了教书,我们其实都有更广泛的社会目标。让我们共同为之努力。

徐信忠:首先,一个国家,一个社会,一个政府,有责任、有义务为每一位公民提供一个平等、自由、有尊严的生活。公益组织永远是替代性的、补充性的。单一组织、单个人的力量总是有限的,但是影响力可以是无限的。

严厚民:从商学院的本质来说,还是教书育人、做研究,当然教书育人是多方面的,最主要的还是我们每个人把我们自己的工作做好,整个国家就会好。

罗占恩：每个人都有愿望、义务，或大或小的能力为别人提供帮助，为社会做一些贡献。今天这个论坛大家花了三个小时在谈社会责任的问题，包括非营利组织、NGO 的运营问题，这对于企业也好，个人的发展也好，应该能唤起我们更多的思考。总有一些事是我们能做的，要多做一些对社会有益的事情。

刘正琛：我们做了一个叫"闪光侠"的公益活动，一方面通过推光头表达对白血病孩子的支持，一方面希望大家来募捐，来抗击白血病。这个活动是从澳大利亚学来的，今年夏天我们也会做，欢迎大家来参与。

李志艳：NGO 和企业最根本的区别在于，它不仅仅提供服务，而且改变人的观念，动员更多的公众参与社会事务。因此，每个人除了自己可以做一些力所能及的公益方面的事情之外，也可以影响社会观念，带动更多的人，我想，这对公益来说可能是最好的事情。

王立彦：谢谢！我们今天下午的分论坛即将结束，我要再次表示感谢，我们的严院长和徐院长是从很远的南方飞过来的。在座的各位也都很辛苦，能有这么多时间在一起交流，汇聚在这里，应该是能互相受教育的。我们教书的人以后要做好服务的事。今天的论坛结束，来年还有机会继续聚在一起共同对话，谢谢大家，再见！

嘉宾介绍

仝允桓　全国 MBA 教育指导委员会秘书长

清华大学经济管理学院技术经济与管理系教授。主要从事科技评价理论与方法、技术创新与创业管理、企业可持续发展战略等领域的研究。先后负责包括重点项目和重大国际合作项目在内的七项国家自然科学基金项目及多项政府和企业委托研究项目。先后发表学术论文百余篇,论著和科研成果曾获中国图书奖、教育部科技进步一等奖、北京市哲学社会科学一等奖、云南省科技进步二等奖、全国优秀工程咨询成果奖一等奖等。

现任清华大学绿色跨越研究中心主任、全国 MBA 指导委员会委员兼秘书长、国务院学位委员会工商管理学科评议组成员、《管理学报》期刊编委。

徐信忠 中山大学岭南(大学)学院院长

1985 年毕业于北京大学地球物理系,获理学学士学位;1989 年毕业于英国 Aston 大学商学院,获工商管理硕士学位;1993 年毕业于英国兰卡斯特大学管理学院,获金融学博士学位。

现任北京大学光华管理学院金融学

教授、中山大学金融学教授兼岭南(大学)学院院长。在 2002 年之前,曾任英国兰卡斯特大学管理学院金融学终身讲座教授、高级讲师,英国英格兰银行金融经济学家,曼彻斯特大学金融学讲师、高级讲师,华威大学商学院研究员。

在资产定价、金融风险管理、行为金融、公司治理等领域有多年的研究经验,取得了大量重要的研究成果,在国际和国内一流学术杂志上发表论文数十篇。

严厚民 香港城市大学商学院院长及管理科学讲座教授

曾在香港中文大学任教授多年,期间,曾担任高级管理人员:物流与供应链管理学硕士课程主任,利丰供应链及物流研究所物流技术和供应链优化中心总监。同时,还曾长期担任香港政府物流与供应链技术研发中心副总监和科学技术顾问。曾任教于美国德州大学达拉斯分校管理学院并具有终身教席。

主要研究方向为供应链管理、风险理论、合同理论及行为模型。在国际顶级学术杂志上发表了多篇论文,其论文曾于2004年、2005年和2012年先后获得生产与运营管理协会及工业工程师协会颁发的最佳论文奖。

罗占恩 普华永道北京审计部合伙人

于1993年毕业于中央财经大学,1995年成为中国注册会计师协会会员,1998年取得中国证券期货及相关业务资格。2012年被聘为中国证监会第四届并购重组委委员。

为众多上市公司、跨国公司及中外合资企业提供审计、财务咨询及尽职调查服务。在公开发行股票、会计制度设计、预算制度设计等方面亦有丰富的经验。

曾先后负责或参与了多家中国大中型企业的境外上市或国内上市及年度审计工作,为中国大中型企业股份制改造及境内外上市等项目提供了许多专业帮助。

刘正琛 北京新阳光慈善基金会理事长

1999 年毕业于北京大学数学学院;

2001 年 12 月 4 日,在北京大学光华管理学院读硕博连读二年级时,被诊断患有慢性粒细胞白血病;

2002 年 1 月,为了帮助自己和所有患者,发起成立阳光骨髓库;

2002 年 6 月,发起成立北京大学阳光志愿者协会;

2009 年 4 月 21 日,北京新阳光慈善基金会成立,担任理事长兼秘书长;

2005 年,被授予"第一届北京十大志愿者"荣誉称号;

2007 年,被授予"北京市十大公德人物(暨北京市第一届道德模范)"荣誉称号;

2011 年 6 月,受邀担任首都慈善公益组织联合会副秘书长;

2012 年 12 月,主持开发完成了中国第一套"慈善公益组织全面质量管理标准"体系;

2012 年 12 月,北京新阳光慈善基金会被授予基金会评估的最高等级 5A 级。

李志艳 社会资源研究所创始董事、所长

北京大学光华管理学院管理学硕士。长期从事公益和企业社会责任领域的研究和评估工作,曾为农业、食品饮料、服装行业以及其中的领先企业,福特基金会、南都基金会、乐施会等国内外公益机构提供研究和评估服务。撰写《供应链责任矩阵》、《理性的博弈》、《通往透明之路》、《农业企业透明度报告》等研究报告多篇。致力于打造一个成体系的服务体系,提高中国公益事业的有效性。

张坤 中国青年报社常务副社长

1968年生,博士学位,高级记者,团中央委员、全国青联委员、中央直属机关青联常委,首都青年编辑记者协会常务副主席,教育部高校评估专家组成员,中央电视台年度经济人物资深评委,外交部公共外交协会理事等。先后获得包括五次中国新闻奖在内的多项全国性大奖。先后出版《跳槽诱惑》、《新财富精神》等十余部专著。在省级以上期刊杂志上(主要是新闻传播类)发表学术论文三十余篇(主要以新闻论文为主)。

王立彦 北京大学光华管理学院会计系教授、责任与社会价值中心主任

博士生导师、国际会计与财务研究中心主任、《中国会计评论》主编、《经济科学》副主编、中国审计学会学术委员会委员、中国会计学会环境会计专业委员会副主任、北京审计学会副会长、苏格兰 St. Andrews 大学"社会与环境会计研究中心"国际合作研究员等。

研究领域包括：会计信息与企业价值、海外上市、双重财务报告与公司治理机制、环境成本绩效及其财务价值效应、内部审计控制、职业道德与责任、国民经济核算与统计分析。

分论坛一总结

本分论坛设立的两个议题,都不是对商业界。

议题一针对大学商管学院的社会责任履行情况。之所以提出这个选题,是因为中国的大学商管学院正面临着严峻的挑战。在最近三十多年的改革开放洪流中,商管学院从新生事物到快速成长,学者们致力于学术研究和培养输送合格人才,同时直接参与经济社会发展的政策制定,献计献策,近年来成绩显著,无疑贡献突出。可是伴随着MBA、MPAcc、EMBA、ExED等多元化教育改变大学校园的生态,商管学院也引致社会的许多批评、质疑和审视。对此,商管学院的院长们、教授们都在思索一个问题:未来应该怎样更好地服务社会、更好地发展?

议题二针对NGO。之所以提出这个选题,是因为在任何一个社会的运转中,非营利组织都发挥着重要作用,中国也一样。从现状看,中国的NGO在运行中由于种种原因,尚且存在不少缺陷,具体表现为管理不规范、行为不规范、信誉受质疑。热心和关注NGO的人们都在思考一个问题:中国的NGO怎样才能实现良性运行?

针对上述两个议题,七位嘉宾接受邀请莅临会场,他们来自不同的从业领域、不同的地区。他们都有各自非常娴熟和擅长的专业能力,都结合个人的行为和思考,表达了对社会责任和社会价值的深邃思考。

在论坛现场,也有商管学院的本科生、研究生、MBA、MPAcc 等各类同学,他们也积极参与讨论,用他们参加多种社会公益、社会责任实践的体会,与大家分享心得。

在总结成绩的同时,大家充分认识到,商管学院在贯彻社会责任理念、实现社会价值的进程中,还存在着许多不足之处,甚至可以说刚刚起步。

在经济社会走向全球化的今天,我们面对的压力持续加重,包括环境污染、资源枯竭、金融危机、收入不平衡,等等。面对复杂的经济和社会格局,商管学院必须深刻认识到自己在社会发展中所承担的责任,为商业价值观的提升做出积极的探索。比如,国际上走在前列的商学院,已经先行开发了相当多的企业社会责任相关教程,学者们将他们相关的研究成果注入 MBA 教学之中。企业社会责任相关的教学、科研成为国际商学院发展的新趋势。中国的商学院也理所应当对此高度重视。

同理,NGO 必须认识到,公众是你生存的海洋,NGO 必须清楚自己的使命。能否得到良好的生存和发展,公信力是最为重要的素质指标。

分论坛二

社会责任:生态文明导向的能源创新

> 时间:2013年1月6日13:30—17:00
> 地点:光华管理学院1号楼202室
> 主持人:杨东宁,北京大学光华管理学院副教授、责任与价值中心副主任

重压力和制约下,中国能源的绿色前景如何?既要勇于履行大国责任的承诺,又要敏于迎接风险机遇的考验,站在战略抉择的转折点我们该何去何从?本论坛重点关注:

传统能源的"绿化"——科技创新、价值发现和转型之道;

新能源的产业新生态——商业模式、生命周期和持续发展;

碳交易市场的新版图——未知财富、机制设计和能力建设。

嘉宾互动将深入讨论应对气候变化的措施、能效服务与科技创新、能源安全和独立、能源国际化战略等话题。

主题演讲一
——低碳化是全球能源技术的发展方向

李俊峰

李俊峰 国家应对气候变化战略与国际合作研究中心主任

李俊峰先生毕业于山东矿业学院(现山东科技大学),长期从事能源经济和能源环境理论的研究,先后组织并主持了我国《可再生能源法》、《国家中长期可再生能源规划》的起草工作,参与了《国家中长期科技发展纲要》、《能源法草案》、《国家应对气候变化方案》等重要文件的研究和起草工作。担任国家能源咨询委员、国家高技术计划专家委员会委员、环境保护部科技委员会委员、中国可再生能源学会副理事长、全球风能理事会理事、国际21世纪可再生能源政策委员会副主席等。1982—2011年,曾在国家发展和改革委员会能源研究所工作,先后担任助理研究员、副研究员和研究员,所长助理、副所长和学术委员会主任等职。

很高兴来到北京大学光华管理学院讲讲能源的事情，去年我也讲过，今年也差不多，只是关注的焦点不同。最近有一本书非常流行，叫《第三次工业革命》，这是很多领导人和企业老总们在读的书，我先讲讲它和能源变革的关系，再讲讲能源消费的变化，以及谁能提供低碳能源。

美国人提出了第三次工业革命的观点，美国人都喜欢搞概念，包括低碳化的概念也是从那儿来的。这些概念产生了第一次和第二次工业革命。过去的第一次、第二次工业革命都有能源的变革，为能源的发展带来了极其深刻的变化。火车有了蒸汽机，可以使煤炭、木材能运出几千公里。第二次工业革命包括电、内燃机、喷气式飞机，这些使我们能日行几千公里，甚至电的传输达到每秒钟30万公里，这就使得能源传输几乎不受任何制约。这些变革带来了能源消费的巨大增长。过去只是把树砍光，把煤拉完，现在任何一个地方修一个电站别的地方也可以用，比如在新疆修一个电站北京也可以用。第三次工业革命就是讲分布式支撑生态文明建设。是不是还是这样的？现在还没有结论，但是能源生产和消费的变革是必须要有的。第一次、第二次工业革命是能源消费以几何速度在增长，18世纪全球消费不到1亿吨标准煤，现在是170多亿吨，第三次工业革命会不会导致能源消费的下降，技术上以后会不会发生变化？现在还不知道，还没有明确的答案。

明确的是能源消费和经济增长是密切相关的。这种变革还有一个很大的变化就是过去我们的工业化比别人晚了差不多一百年，与大多数发达国家不同，我们的能源消费还没有达到顶点，还需要增加，我们提出现在到2020年基本完成工业化。但是完成工业化之后能源消费可能会不再集中在工业上，交通、建筑行业可能是能源新的增长点。

还有一点,能源消费的持续增长是一个客观规律,不以人的意志为转移。近一百多年来,特别是工业化革命中后期,即 20 世纪 60 年代开始到现在能源消费一直在持续增长,这是因为只要经济增长能源消费就会不断地增长。

不同的是能源消费的格局发生了巨大变化。90 年代以前占世界人口不到 20% 的发达国家消费了 60% 的全球能源,现在发达国家人口没有发生根本性的变化,只有韩国、新加坡、爱尔兰这样的小国家在 90 年代后进入了发达国家行列,人口结构没有发生大的变化,但是发达国家的能源消费比例下降到 40% 了,发展中国家的能源消费反而接近 60%,特别是以中国为代表的能源消费快速增加。发达国家和发展中国家的能源消费有了此消彼长的变化。

尤其是中国的能源消费,过去是不显山不露水,现在已经超过了美国。两三年前我们还说我们不是世界第一,实际上我们已经是世界第一了。我们和美国的比较也发生了大的变化,我们已经超过了美国,并且在比例上我们是在上升的,中美能源消费总量的差距在加大。60 年代美国占全球能源消费总量的 35%,我们占 5%,现在我们差不多是 22%,美国下降到 17%,十年以后可能美国是 15%,我们达到 30%。

另外一个问题是,能源消费结构没有发生根本变化,虽然在发展,但是煤、油、气还是主导着整个大的趋势。

需要说明一点,世界上消费的能源都是以油气为主,煤炭不到 20%。我们一直认为自己是煤炭资源大国,所以也是煤炭消费大国,煤炭占我国能源消费的 70%,我们一个国家消费了世界煤炭的 50%。其实我们也不是煤炭资源大国,世界各国都有煤炭,只是我们过分关注煤炭,才使得我们误以为我们是煤炭资源大国,其实不是,美国、俄罗斯、澳大利亚的煤炭资源都不少!

说来说去,现在最大的问题是为什么说低碳化是全球能源的发展方向呢?就是因为温室气体成了能源发展的最大难题。到2050年,全球温室气体必须限制在1990年一半的水平上,1990年的时候平均是115亿吨,2050年的时候全球排放量只有100多亿吨;中国2012年的排放量可能是97亿吨,2020年的时候要超过100亿吨,甚至达到110亿、120亿吨的水平。我们在过去是不明显的,现在超过了美国一大截,在很短的时间内超过了美国将近60%。到2015年的时候可能是美国的两倍。这就相当于全世界所有发达国家排放量的总和。这个问题是摆在我们面前的难题。

全球低碳化是国际趋势,我们做不到不去消费能源、减少能源消费,不能让大家不住大房子,也不能让大家不开汽车,这就需要更高效率的汽车和更高效的能源满足我们的需要。过去说清洁化就说要减少煤炭消费,现在大家在想其他的办法。比如有人提出来2050年能够提供百分之百的可再生能源,欧洲已经开始这么做了。谁能提供这么多的能源呢?首先是节能,其次是核电、水电、风电、太阳能等,这些都有很大的潜力。

但问题是,这些能源都有它的很大的局限性,比如说节能解决不了增量问题,节能和供应必须是并举的。还有一个就是所有的能源技术包括核能都有缺陷,风、电、太阳能有它的不平衡性。欧盟提出了2050年百分之百的可再生能源解决方案,虽然很多人在批评这个方案,但是它们在朝着这个方向走,并且不断地在增加,有些国家的可再生能源已经接近50%了,比如瑞典、奥地利。

2050年我们能不能做到百分之百的可再生能源谁都不知道,但是朝这个方向走大概是没有错的。《第三次工业革命》和《能源革命》这两本书都指出了这一点,能不能实现他们的预言,还需要历史的验证,但是人们的共识是:这样做下去没有太大的风险。

我们国家不多说了,我只说一点,我们不仅要开发新能源、节能,还要真正思考转变经济增长方式。我刚刚毕业的时候曾经做过一个研究,到2050年中国需要50亿吨标准煤的能源,那时候被所有的专家骂死,认为根本不可能。现在人们的想法变了,最低估计到2020年,我国的能源消费就会达到50亿吨标准煤。提前30年达到这样的目标,并且没有人再怀疑,而且我们要做得很好才行,做得不好要达到70亿吨甚至更高,这是我们担心的问题,所以我们要做一些改变。我们的创新立国也好,科学发展也好,必须要从口号落实到行动上。虽然有老一辈科学家说我们中国不一定需要诺贝尔奖获得者,但是没有这些我们就很难走到世界的前列。比如丹麦是一个只有500万人口的国家,有13个人获得过诺贝尔奖,从而孕育了崭新的工业技术,诞生了一批独一无二的企业。和他们相比,我们还有很大差距,我们还需要一些技术创新,但是更需要的是观念的改变,比如能不能跨越式发展。我国能源消费并不低了,去年年底的时候我们的发电总量已经超过了4.9万亿度,人均消费量四千度。这是什么概念?大多数欧洲国家大概是人均消费五六千度,但是别忘了它们已经迈入现代化三四十年了。到2020年我们的发电总量大概是8万亿度,大概相当于人均消费六七千度的水平。除了美国、加拿大这些高度浪费的国家之外,能有几个国家的人均消费会超过1万度电?目前我们的规划是到2030年人均消费1万度电,我们有没有这样的资格?这么大的一个民族消耗这样的电力,这是我们必须认真思考的问题。我们必须找出解决之路,期望在"十二五"期间会有所好转。我们过去在长期内的发展都突出一个"快"字,"十五"的时候叫做"又快又好","十一五"叫做"又好又快","十二五"提出了"稳定较快发展"。"十八大"改变了,提出健康持续发展,终于把"快"字去掉了。我的感觉是中国做快不困难,但是做好不容易。所以我们要改一些东西。提倡慢一点、好一点的发展方式,也就是有质量的增长!

现在看来我们必须在能源问题上走低碳之路,没有别的办法。因为我们过好日子的愿望不能改变,过好日子的路也不能不去走,只是说我们要走一条低碳的路。不走低碳的路,我们可能没有办法真正又过好日子,又不受能源的制约。低碳发展是我们的唯一选择,也是睿智的选择,谢谢大家!

主题演讲二
——新能源的商业模式和未来

于平荣

于平荣 国家特聘专家(千人计划),北京大学工学院教授

普尼董事长,国际太阳能十项全能竞赛组委会负责人,北京大学学士,美国科罗拉多大学博士。从事过多项能源领域的技术开发和产业化,在中国和美国为政府及大客户提供过新能源和节能领域内包括规划、金融、系统集成和运营等的综合解决方案。

我们感觉新能源需要更多的正能量,如果大家上午参加了主论坛的话,能听到很高端的发言,大家表达了对社会的忧虑,有很多负面的东西。我所熟悉的新能源,这一两年在中国和美国也有很多负面的东西,比如说美国的企业倒闭了,中国的市场谁来救……我讲的时候试图给大家一些正能量。从技术发展来看,我想说两点,第一点,我们一定要相信好的技术,能够改变世界的技术是能够被创造出来的,而且已经一而再再而三地证明我们已经创造很多了。如果没有五六十年前贝尔实验室开创的一些太阳能技术的进展,今天可能连讨论太阳能市场动荡这个问题的机会都没有。中国的新能源在过去十年发展得比较多一些,但更多的是一些抄袭和加工,这符合我们当时的国情。做久了大家会想是不是我们只有学别人的东西,而自己做不出来。十几年以前我开始进入这个行业的时候,美国的国家可再生能源实验室几十年如一日地做的事情,就是开发新的能源材料和技术等。2000年左右全球新能源大规模产业化,在一些技术方面,包括成本和效率等,其发展有时也超过了我自己的想象。

比如说有机物太阳能电池,那时候光电的转换效率还不到1%,现在已经提高了十几倍。那时候虽然说各种各样的太阳能技术都已经发展了半个世纪了,但是真正能在市场上生存的几乎就是零,但现在已经有很多了。所以大家对这类事情还是要从正面来看。我们一直有新的可用的技术在发展。

我说的第二点就是,我们特别幸运,在过去的半个世纪也好,更长一点时间也好,特别是欧美做了很多技术的开发,到了今天,很多新能源技术已经具备了大规模推广的可行性,包括经济上的竞争力。大家天天都能听到关于新能源、气候变化、生态社会的信息。很多时候大家觉得这件事还是很遥远,我们天天讲是不是因为我们没有?我们天天讲新能源是不是因为我们根本没有选择?我觉得大家还是要从正面来看:其实你已经有很多选择了。具体例子不多讲,因为变化特别快,我经常碰到很多人说这件事我了解,两年以前就研究得很透了,我想正是因为过去研究透了所以对现状造成了一个错觉。一定要重新看,因为发展得很快。

接下来讲一讲新能源的商业模式。商业模式在新能源里面确实稍微有点复杂，这取决于对谁来讲。新能源的商业模式里面，有新东西，也有很多东西根本不是新东西。所谓"太阳底下无新事"，新能源产业要是类比的话，它跟两个产业的商业模式相类似。前端跟制造加工产业很像，后端跟能源产业、电信产业很像。很多是两者的搭配，那么有没有新的东西呢？也有，比如新能源能带来一些分布式的东西。这些使它和传统的产业可能有一些区别，我在这儿同意今天上午讲的一些观点，中国的新能源模式和美国的新能源模式看起来有很大的不同，这个不同来自政策和政府对这件事的设计。美国的能源市场更市场化一点，中国的电力市场是国有的，把控得相对更严一些。所以在这个框架下，大家真的要细谈到底什么样的模式适合，还得讲清楚到底说的是哪里、哪个国家。

在商业模式这件事情上，中国和美国这两个大的国家做了一些不是特别"清醒"的事情。过去十年里，美国在新能源领域基本上就是一个字，希望"新"，创新是它有意无意做事的方式。但是2008年、2009年以前追求"新"，基本上都是赔钱的。我在硅谷的时候跟我的合作伙伴和投资人聊天时也说，你们认为你们是世界上最好的投资人，结果你们赚的钱比你们瞧不起的中国投资人少多少？时间过了两年，咱们中国的模式也可以用一个字来概括，就是"抄"。抄来的东西也赚了很多钱，但是抄过了就是产能过剩。这说明产业不好吗？仅仅说明了加工业不好，整个行业还在健康地往前发展。

2008年、2009年的时候美国的一些企业倒闭了，我在华盛顿的时候一些人问我，说倒闭是不是你们中国造成的？我说自己没做好不能埋怨别人，在美国都不是第一名怎么能埋怨中国企业把你挤倒了呢？中国现在的加工模式出了一些问题，出了问题我们不能说是被"双反"反的。自己的问题是什么？不管有没有"双反"，我们都会出问题，这是本质。无节制地跟风在哪个行业都会出问题。所以新能源的商业模式关键取决于你要关注哪一块。

还有一个相关的问题，主办方跟我沟通的时候说让我讲一点所谓新能源生命周期的话题。题目很宽泛，展开讲任何一个点都有特别好玩儿的事。对我来说，取决于你是谁，你会关注什么样的生命周期。比如太阳能，你是从爱因斯坦讲起算一个生命周期，还是讲过去十几年世界各国开始大力推广这个东西？是看这十几年整个市场以每年百分之几十的速度在往前走，还是从2000年看到2008年的金融危机？在那之前连加工业都是暴利行业，到现在开始调整了。是要看美国的周期还是要看咱们中国的周期？2000年以后我们开始生产新能源，大家大干快上，现在出现了点困难，调整一两年以后又会很好地发展。我说的意思就是题目给了我，我就说几句，但是这里面一些细化和关注的东西有很多历史数据可以参考。

刚才提到的《第三次工业革命》这本书，里面有很多观点，我认为互联网对社会的很多改变已经造成了，而分布式能源却还没有。但是如果你有理工科背景的话，你会对用热力学来解释新能源这个章节感兴趣。我在中国和美国做了很多新能源项目，以太阳能为主，还有一些其他节能环保项目的开发、建设、投融资等。研发方面，无论在中国还是美国我们都在做，我们正在做一些国家的项目，包括新能源、储能、新材料等。政府合作方面，我们正在或者已经帮中国十几个地方政府做了能源产业规划和大项目、重要项目的细化落地，帮美国西部四个州政府采取了有效措施推动新能源快速的落地。国际合作方面，我们在做一个太阳能十项全能竞赛，是美国能源部和中国能源局联合主办、北京大学联合承办的，有二十几个队，每一个队建一个零能源的别墅,能源完全由自己供给。我们做的这些工作,核心就是要通过我们自己的资源、努力,在推动新能源和节能应用方面尽我们的一些力量,尽量使我们的环境、我们的社会更清洁一点,更可持续发展一点。最后,联系到我们的主题,我们一直觉得,在这个行业里面,我们的社会责任就是去多做事情,我们讨论得挺热烈的,但是没有行动是不会改变世界的。所以我们希望多做事情,哪怕对世界仅有一点点正的改变,我们心里也是很高兴的。谢谢大家!

主题演讲三
——能效服务产业的创新之路

王彤宙

王彤宙　中国节能环保集团总经理

博士,英国皇家特许建造师,教授级高级工程师。历任中国建筑海南开发公司副总经理,中建实业公司副总经理兼任中国建筑海南开发公司总经理,中国建筑发展有限公司总经理,中国建筑第六工程局局长,中国水利水电股份有限公司党委常委、副总经理,中国电力建设集团党委常委、副总经理等职务。现任中国节能环保集团公司董事、总经理、党委常委,同时还担任全国青联常委、中央国家机关青联常委、中央企业青联副主席、中国青年企业家协会特邀副会长、中国建筑业协会经营与劳务管理分会会长等职务。

很高兴参加本次北大光华新年论坛,有机会把我和我们团队在节能环保产业的一些做法和体会与大家进行分享和探讨。

首先,我简要回顾一下有关背景情况。

大家都知道,能源短缺、环境污染和气候变暖是无可争议的事实,这些问题已经迫在眉睫。从 20 世纪 70 年代开始,国家在节能环保、节能减排方面做了很多工作。1972 年,提出治理"三废";1978 年,提出环境综合整治;1992 年,在全世界率先提出《环境与发展十大对策》,提出走可持续发展道路;2004 年,国务院决定开展为期三年的资源节约活动;十六届五中全会提出建设两型社会;"十八大"把生态文明建设纳入"五位一体"的总体布局,提出大力推进生态文明建设、建设美丽中国。现在,我国节能环保产业迎来了历史上最好的发展机遇,但是作为节能环保领域的从业者,我们面临的压力和挑战更大。因为,当一个产业进入高速发展期时,竞争将越来越激烈,成本压力也将越来越大,一些企业未必能应对这种挑战。这是我对目前面临形势的基本认识。

另一个背景刚才李主任已经谈到了。国家对世界做出了承诺,也就是到 2020 年,我国单位 GDP 二氧化碳排放量比 2005 年要下降 40%—45%;非化石能源占一次能源消费的比重要达到 15%;通过植树造林和加强森林管理,森林面积比 2005 年要增加 4000 万公顷,森林蓄积量比 2005 年要增加 13 亿立方米。这些都是硬指标,是中国政府向全世界的庄严承诺。

正是基于这些背景,我们提出了今天的课题——能效服务产业的创新之路。维持国家高度发展,维持人民生活幸福,的确需要更多美好的东西。

其次,我从四个方面谈谈对能效服务产业创新的体会:

第一是政策法规的创新。比如,过去几十年,我国一直延续"谁污染、谁治理"的政策,这对环境保护、节能减排发挥了积极的作用。

但从目前来看,还需要进一步创新。

一方面,要引进第三方治理。大家知道,现在已经形成了很多污染,而这些污染已经找不到或者说很难找到源头,比如河流流域的治理,究竟是谁污染的?已经污染的怎么办?因此,仅仅依靠"谁污染、谁治理"的政策已经不能解决环境保护、节能减排的问题了。我们要充分认识到引进第三方治理模式的重要性。这种模式可以推动节能环保产业向更加专业化的方向发展,这样更有利于综合解决一些整体污染问题。

另一方面,要建立以政府为主导、企业为主体、市场导向、科技驱动、全社会共同参与的能效服务模式。节能减排不只是一个产品的节能减排,而是一个全过程、全机制的节能减排。政府要创造政策环境,发挥政府导向作用,发挥财税杠杆、金融杠杆的作用,支持建立一个良好的环境保护和节能减排的政策环境。特别是在一些领域,如电力开发,市场准入、上网电价都由政府管控,在这些领域政府的导向作用会更强。无论是节能减排还是污染治理都需要成本,这些成本在哪些方面体现,体现得是否充分,一定是由政府来主导的。如前面说的已经污染了找不到源头的环境治理,也需要由政府来主导。但是,仅仅靠政府主导还不够,从经济效率来看一定要以市场为导向。企业是市场的主体,需要以企业为主体引进竞争机制,使企业通过竞争不断提升专业化水平。另外,还要依靠科技驱动。我们集团非常重视科技驱动,已经与北大环境学院开展了合作,与吉大、天大等高校也有合作项目,并且在某些领域已经取得了很大成效。我们认为,依靠科技驱动是能效企业发展的最终道路。

第二是发展模式的创新。2010年,我国单位GDP能耗是世界平均水平的2.5倍,我们的能源加工转换总效率比世界平均水平低

10%—20%。这说明我们必须要改变粗放型的发展方式。目前,国家提出了绿色发展、低碳发展、循环发展等多个概念,我认为最终还是要低碳发展。低碳发展模式,一是要提高能源利用效率和循环次数,二是要减少化石能源消耗,三是要处理好发展和环境问题。人、自然和社会的和谐不是一句空话,原始社会是人崇尚自然,工业社会是人改变自然,生态文明社会是人、自然和社会的和谐发展。

第三是治理方式的创新。早在20世纪七八十年代,国家就提出不能走西方国家"先污染、后治理"的老路。但回过头看,要真正做到非常之难。这或许是社会发展的必然阶段。从目前来看,"边建设、边发展、边治理"是比较现实的方式。同时,对已经发生了的污染要采取积极措施进行治理。因此,在治理方式上要采取多种方式并举。对于传统产业,需要考虑如何用新能源和新的发展方式来替代。

第四是能效模式的创新。从我们企业看,能效模式的创新大致有几种。一是综合能效服务。我们集团涉及的行业比较多,既有节能减排又有环境保护,包括水处理、固废处理、烟气处理、土壤修复、重金属污染治理以及工业节能、建筑节能等。目前,我们正在构建将综合监测评价与规划咨询、设计建造与工程总承包、产融结合于一体的服务体系,从而提供节能环保减排综合服务。也就是说,为一个省、一个市、一个县、一所大学、一个建筑群、一家大型企业进行综合评价,找出节能环保减排的综合性解决之路,通过组合不同的专业团队以及社会资源进行综合能效服务。比如,我们去年通过竞标成功实施了发改委、科技部等五部委节约型办公区试点项目,包括热力管网改造、墙体门窗改造、供暖系统改造、可再生能源应用、LED照明系统应用等,包括通过建筑能源管理监测系统,利用云计算对用电和用水进行监测。通过这些措施,我们使五部委办公楼平均能源节省量达到15%—20%。今年我们还会在其他项目上推广这种模式。二是合同能源管理。这种模式以双赢为前提,为节能减排提供了可贵的动力。比如一个化工厂,通过引进专业的团队和技术提供节能减排服务,与工厂共同分享节能减排成果。我想,今天的论坛之所以称为"创新论坛",就是需要大家关注,在成本够的时候可以这样做,但是如果成本不够怎么办?所以我们进行创新的潜力和余地是很大的。目前,我们集团通过合同能源管理,为建材、冶金、化工、焦炭等工业企业客户实施了一批投资超亿元的项目,最典型的是重庆钢铁公司的"燃气蒸汽联合循环发电与干熄焦余热发电"项目,总装机为35.5万千瓦,可满足重庆钢铁公司65%左右的自用电需求,每年可以为它节省近两亿元的电费。三是碳交易。欧美、日本等发达国家和地区通过碳交易取得了显著的环境和经济效益。我们集团已经通过联合国EB注册CDM项目33个,年减排量403.3万吨。目前,深圳、上海碳交易所已经在探讨这种模式,但还没有成形。今后我们的减排和能效服务,可以通过碳交易进入资本市场,既进行了产融结合,也给整个产业带来了更大的发展空间。

再一个是融资问题。节能环保产业很分散,依附于众多产业发展。这种情况下,它的融资模式和融资渠道是否畅通?融资的组合是否能够解决问题?创新融资模式应该说是能效服务里需要特别关注的一个问题。

中国节能环保集团公司是唯一一家以节能减排和环境保护为主业的中央企业,是中国节能环保领域最大的科技型服务型产业集团。我们的使命是让出资者放心,让客户满意,让相关利益者信任,让员工幸福。我们的目标是成为世界一流的科技型服务型节能环保产业集团。我们愿意与各行各业的领先企业展开合作,为中国的能效服务产业的发展和社会的可持续发展不断做出新的贡献。

最后,再次感谢北大光华管理学院,真诚地希望今后有更多的机会与北大开展合作。谢谢大家!

主题演讲四
——我国天然气开发利用的前景展望

吕建中

吕建中 中国石油经济技术研究院副院长

教授级高级经济师。1985年毕业于中国石油大学(华东)管理工程专业,获工学学士学位,后分别获中国人民大学经济学硕士学位、美国马歇尔大学工商管理硕士学位、西南交通大学管理学博士学位。1985—1992年,在中国石油大学(北京)从事石油经济管理方面的教学和研究工作,之后调入中石油总部从事战略管理和政策研究,历任副处长、处长和副总经济师。2004—2006年赴美国学习,2008—2009年在中石油西南油气田挂职锻炼,2010年起任现职。

今天主要介绍我国天然气开发利用的前景展望,主要谈四个方面。

1. 天然气是通向低碳未来的中间桥梁

化石能源是人类社会赖以生存和发展的基础,在目前全球能源中化石能源占到90%,我们的生活离不开化石能源。但是,化石能源的发展遇到两大难题:一是资源枯竭问题,大家比较担心石油能采到什么时候。二是环境污染问题。有关资料显示,全球化石能源燃烧产生的二氧化碳排放量占温室气体总排放量的57%,有人说化石能源是气候变暖、大气污染的罪魁祸首。所以,近年来,人们对非化石能源的发展越来越关注。由于受到经济技术等诸多方面因素的制约,全球普遍的观点认为,在未来二三十年里,化石能源仍将保持主体能源地位,特别是天然气发展已经进入到了黄金时期。

根据BP发布的《2030能源展望》,在过去20年里,全球一次能源消费增长了45%,未来20年可能增长40%,这其中化石能源增长会放缓,但依然会占主导地位。1990—2010年,化石能源对全球一次能源增长的贡献率大概是83%,今后20年可能会降低到64%,其他的一些新能源,包括风能、太阳能等也就是18%。这几年,国际上有一种形象的说法,把传统的化石能源称为"来自地狱的能源",而把太阳能、风能等可再生清洁能源称为"来自天堂的能源"。那么,从"地狱"到"天堂"的路究竟有多远呢?前两年有一本叫《世界又热又平又拥挤》的书,里面有段话的大概意思是说,像石器时代的消失并不是用光了石头一样,世界一直企盼着能有一种新的能源替代价格居高不下的石油,终结石油时代,希望从"地狱"进入"天堂",但是道路非常漫长。

令人欣喜的是,大家发现传统化石能源中天然气具有3A(Abundant, Affordable, Acceptable)的独特优势,即天然气储量非常丰富,价格适中,符合低碳环保的要求。天然气可以成为通向低碳未来的中间桥梁,这也是一种现实的选择。

全球常规天然气资源量约为420万亿—500万亿立方米,目前的采出程度只有15%,非常规天然气资源量更大,在900万亿立方米以上。目前探明的天然气资源可以满足2050年以前世界总需求的增长。天然气价格总体上比油价低30%—50%,今后20年,天然气将会是全球消费增长最快的化石能源。

这几年的天然气热跟美国的页岩气革命有一定关系。这里需要澄清一个问题,有人说美国的页岩气革命就是这几年的事,其实这是一个错误的认识,美国的页岩气革命是一个漫长的革命、静悄悄的革命,美国早在1821年就打过一口页岩气井。近年来的页岩气革命实质上是一场技术革命,借着技术革命实现了页岩气产量的突飞猛进。比如,2000年美国的页岩气产量只有90亿立方米,到2011年就达到了1900亿立方米,已经形成了八大页岩气生产区。美国页岩气革命给全球能源格局带来了深刻的影响,必须引起我们的高度重视。页岩气革命推动了美国能源独立。美国过去一直是世界上最大的能源消费国,也是最大的油气进口国,受益于页岩气革命,特别是将页岩气技术应用到页岩油,美国的油气产量在大幅度增长。美国过去进口油气,现在变成要出口油气,迫使加拿大不得不向东寻找新的购买者。北美历史上就是现代石油工业的发祥地,也是世界主要的石油供应地,在不久的将来很可能会重拾这种中心地位。甚至有专家认为,未来几十年里西半球的油气供应问题已经自己解决了。

2. 我国天然气利用前景广阔

近年来,天然气已经成为城市改善大气环境的首选能源,我国的天然气利用结构不断优化,天然气汽车和分布式能源系统很值得我们关注。

随着技术的进步,凡是能够使用煤炭、石油的地方,几乎都可以使用天然气。比如天然气可以作为城市燃气、工业燃料,用来发电、开汽车、轮船等。我们也从天然气的广泛使用中受益匪浅。举两个例子,一个是陕京天然气管道,二十多年来从一线增到三线,输气量从2亿立方米增加到170亿立方米,使北京地区的能源结构发生了重大变化。北京空气质量二级及好于二级的天数从1998年的不到100天,到现在的286天,这跟天然气的广泛使用是分不开的。

另一个就是大家有目共睹的西气东输管道,从2004年一线开始输气,最近二线全线贯通,今后还可能有三线、四线。一线当时的设计运输能力为120亿立方米,沿着一线、二线管道,目前全国有4亿多人口用上了从西部和境外进来的天然气,可以少烧煤1.2亿吨,减少二氧化碳排放量2亿吨。目前很多城市,特别是东部大城市普遍开展了以气代煤、以气代油的气化工程,天然气成为全国各地推进绿色生态文明社会建设的重要手段和措施。

国家最近也出台了天然气利用政策,主要利用领域包括城市燃气、工业燃料、天然气化工等,天然气利用顺序包括优先类、允许类、限制类和禁止类。我国天然气利用结构不断优化,特别是天然气发电、天然气汽车现在的增长速度非常快。

这里重点谈谈天然气汽车。一说到新能源汽车,大家很容易就想到电动汽车、生物燃料汽车。其实,新能源汽车大致分为两类,一是电动汽车,二是替代燃料汽车。在替代燃料汽车里,又有生物燃料汽车和乙醇汽车,最现实的就是天然气汽车,包括CNG、LNG、LPG等。中国的天然气汽车发展起步较早,到2011年已经超过100万辆,尤其是LNG汽车目前已经有2万多辆。中石油为北京市提供了100辆用LNG作为燃料的公交车,既清洁又安全,运营效果非常好。

天然气汽车的优势十分明显。一是环境友好,总体有害物质排放量能减少 90% 以上,二氧化碳排放降低 20%。LNG 每替代 1 吨柴油可减少二氧化碳排放 0.88 吨,重卡二氧化碳的减排量为 36.72 吨/辆。二是安全度高。三是经济性佳,天然气汽车的燃料成本比燃油车降低 20%—30%。我最近连续两年去美国参加剑桥能源周高峰论坛,在 2011 年的会上,美国前任总统小布什提出要用气取代煤和燃料油,甚至建议在美国建一个西气东输管线。在 2012 年的会上,有两位州长提出要在美国大力发展天然气汽车,这就反映出美国已经把扩大天然气利用提上了重要的议事日程。

分布式能源也是未来天然气利用的重要方向。天然气分布式能源系统也称为燃气冷热电三联供系统,是一种建立在用户端的能源供应方式。一次能源以气体燃料为主,二次能源以分布在用户端的热电冷联产为主,实现以直接满足用户多种需求的能源梯级利用,并通过中央能源供应系统提供支持和补充。分布式能源系统的优点有:能效利用合理、运行灵活、损耗小、经济性好、削峰填谷、清洁环保、安全性好。

3. 我国未来的天然气供需形势

2000 年之前,中国天然气发展非常慢,2000 年之后以两位数的速度增长,在一次能源中的比例从过去百分之零点几发展到现在的 4.8%。当然,与全球一次能源结构相比,我们的结构依然不合理。比如在一次能源结构中的天然气占比,全球平均是 24%,美国是 26%,亚太是 11%。按照国家天然气"十二五"发展规划,2015 年国内天然气需求量将达到 2300 亿立方米。根据有关机构预测,2030 年中国的天然气需求量可望达到 5000 亿立方米。那么,气从哪里来?以 2015 年为例,预计届时国内天然气产量可以达到 1760 亿立方米,其中常规气 1385 亿立方米,煤制气 150 亿—180 亿立方米,煤层气 160 亿立方米,页岩气 65 亿立方米,进口 935 亿立方米。这样算下来的量就大大超过了 2300 亿立方米的需求量。当一种商品的市场需求比较旺盛的时候可能会刺激供应的增加,但是 2015 年中国会出现天然气供过于求吗?我们拭目以待。

应当说,我国的常规和非常规天然气资源是十分丰富的,现在大家比较关心的问题是我国能不能复制美国页岩气的成功经验。显然不可能简单复制,因为美国页岩气的成功要素有很多,我国的情况与美国差异很大。我们要有远大的理想和目标,但是现实中的确存在着很多挑战和困难。

目前,美国的页岩气发展也面临着不少难题,其中主要是环保问题。水力压裂技术可能带来环境污染的问题,已经引起社会各界的密切关注,反对、抗议之声不绝于耳。另外,美国气价太低,使页岩气开发难以为继。正因为如此,IEA 提出了页岩气黄金时代必须遵守的七个基本原则,被称为页岩气开发的黄金规则。

在今后一个时期,我国需要加快建立并完善多气源供应布局。目前,中国天然气供给总体上采取多样化供给渠道,包括西气东输、川气东送、北气南下、海气登陆、进口管道气、进口 LNG 等。2011 年,中国进口天然气总量 314 亿立方米,占国内消费总量的 24%。现在大家还关心一个问题:既然美国的气又多又便宜,那么我们能不能从美国进口大量的 LNG 呢?这应当成为未来中美能源合作的一项重要议题。

4. 几点思考

我的基本想法是:大力发展天然气,助力美丽中国建设。

第一,技术创新程度决定着未来天然气开发利用的水平。石油工业的历史就是一部技术进步史。人类社会的最新技术成果几乎都被率先用到了石油工业领域。石油工业的每一次腾飞都跟技术创新息息相关。中国的技术创新能力与世界先进水平相比还存在较大的差距,未来发展任重道远。

第二,依靠市场化改革推动天然气产业持续健康发展。石油、天然气与人们的生活密切相关,具有明显的商品属性,需要按照市场规律办事。特别是国内外市场越来越一体化,必须加快推进市场化改革。

第三,扩大对外开放与合作,大胆探索新的商业发展模式。中国石油行业是最早实施改革开放的,2012年中国石油企业在海外的油气作业产量已经超过了1亿吨。下一步,中国石油工业的发展依然要借助于改革创新。比如,管道建设已经开始吸收一些民营资本进入,城市管网发展更是百花齐放。

第四,进一步加强天然气管道、储备等基础设施建设。天然气和其他商品不一样的地方就是,管道修到哪儿市场就发展到哪儿,没有管道就没有市场。美国的油气管道长度将近100万公里,中国的油气管道长度只有10万公里,所以必须加快基础设施的发展建设。

第五,高度重视页岩气开发中的环境保护问题。

第六,国家应继续加大对天然气发展的政策支持力度。

谢谢大家!

圆桌论坛

杨东宁：首先有请汉能投资集团董事长陈宏先生、神华集团董事会秘书黄清先生、国能中电能源有限责任公司董事长白云峰先生。

刚才几位主讲嘉宾从环保政策、可再生能源、节能产业等角度给我们分享了很多经验，我希望主讲嘉宾仍然在前排就座，因为这是圆桌的另一半。上半场时间太紧张，没有安排大家提问，现在大家可以提几个问题，在座嘉宾先思考一下，我们在对话展开过程中适时予以回答。

如果把讨论放到能源本身这个视角的话，我们可以说能源有它的"源"、有它的"流"、有它的"汇"。能源的"源"就是能源资源和开发；能源有运输转化和配置的过程，这就是"流"；另外就是"汇"，即最终怎么使用，使用有什么环境后果，包括在经济上产生的分配效应等。这个问题往往要区分阶段和层次，比如，教室里的电源指的是插座，而对于电网公司来说，它的电源就是发电厂。我们希望通过这次圆桌讨论，从能源本身的性质出发，结合经济规律讨论新能源在商业创新、技术发展上的一些可能性。

大家知道改革开放三十多年里,第一个十年我们主要通过农村改革、通过轻工业发展解决了"吃"、"穿"的问题;第二个十年是重化工前导期,主要解决了"用"的问题;第三个十年进入重化工阶段,主要解决"住"和"行"等这些大额消费问题。

围绕着能源有很多可以讨论的问题,比如政策上最关心的能源安全等。同时,刚才嘉宾也提到了中国的 GDP 占全球不到 10%,但是我们消耗的能源占了 20%,特别是煤炭消耗占了 50% 以上,这里面很大的问题就是能源效率。从能源宏观效率来看,我国的单位 GDP 能耗可能比日本要高十倍,跟美国比也要高三四倍,所以节能是非常重要的问题。能不能把节能发展成产业?这是我们非常期待的。我个人感觉这里是一个万亿级的市场。今天的圆桌论坛嘉宾,对于节能产业发展话题而言,正好可以构成一个非常有意思的讨论。

我们从小辈开始,云峰,你是能源行业重要利益相关方的关注焦点,你的老板、前任老板都在这儿,能不能跟我们谈谈你对节能领域里的商机是怎么判断的?

白云峰:几位都是我的前辈,我就先说一点我肤浅的观点。我原来是神华集团出来的,黄总是神华集团的领导,我现在做一个节能环保服务公司,是做工业节能的,去年一个非常重要的风险投资就是汉能的陈总投的,所以说我的前老板和现任老板都在这儿。

刚才吕院长也讲了我们对天然气,包括页岩气等深层次的能源的开发前景很乐观,但是我感觉到我们国家的能源消耗是一个非常严肃的问题。我在神华集团的时候国家就有一个能源规划,到2020年全国煤炭消耗达到 30 亿吨标准煤,可 2009 年就实现了 32 亿吨,2012 年燃煤已经达到了 38 亿吨,这是一个非常可怕的数字。做个比较,1亿吨标准煤可以堆成两个足球场那么大的面积,可大家不知道,它的高度是珠穆朗玛峰的高度。30亿吨大家可以看是多大的数字,大概60个足球场那么大的珠穆朗玛峰,每年有将近80个足球场那么大的珠穆朗玛峰被挖掉烧光,非常可怕。

中国很大的问题是我们的能耗非常高,我们80%的能源是工业消耗的,20%是民用消耗,而工业能耗中又有80%是用在了高耗能的火力发电厂、冶炼、冶金、化工等行业,所以说我们的发电量里有60%多是消耗在了高耗能企业上。这部分企业在污染和废气排放中起到了非常大的作用。我们以前的技术来源于苏联,那时候技术成熟于20世纪50年代末60年代初,我们当时的设计导则都是拿苏联的,火力发电厂的供电煤耗基本都是350克左右。而上海外高桥第三发电厂则是用比较先进的锅炉和其他新型节能技术,做完以后煤耗能降到270克以下。技术制约是能耗改变非常重要的因素。"十二五"节能减排的目标是下降15%—20%,我个人觉得重工业如果不做根本上、革命性的转变,这一目标是很难达到的。

现在有一个综合节能服务市场,很多企业总是想追求特别新的、特别好的技术,我倒觉得未必。因为纵观这么多电厂这么多年的运行,我觉得有很多技术人员有很多好的想法。大家知道我以前是做脱硫的,我们当时从日本引进的技术,做完以后发现国家发电厂为什么不愿意上脱硫,因为初期投资在60万元左右,建完以后脱硫装置会带来1.5%的电耗,一个电厂一年发80亿度电,相当于折耗2.3万吨标准煤,这是很大的负担,可以理解。

为什么上环保装置还要给投资厂带来这么大的主体负担呢?我觉得应该做这样的主题研究,我们现在做的就是把脱硫能耗降低80%—90%。我们国家推行了智能电网的概念,这里的空间非常大,我们很难做第一个吃螃蟹的人,很多工业,我说的是这些老工业,像火力发电厂、钢厂、冶炼厂,水泥厂还好一点,水泥厂体制改革比较早,现在大部分水泥厂都是民营的。现在火力发电厂和钢厂大部分还是国企,这部分国企对安全性的需要更高,步子迈得相对保守一些。技术上我觉得不需要太多的高精尖技术,而是要动脑子。

原来我们搞节能做形象需要的是"药",现在缺的是大规模的节能、成体系的节能、有效果的节能、持续性的节能,需要的是"医院",节能"医院"的诞生一定是未来节能产业非常重要的发展。总之,新兴的能源再多,节能还是首位的,对我们中国来讲,一方面要开源,进一步开发天然气、页岩气和其他新能源,更重要的一方面是我们还要节流,把电省下来。这是"十二五"到"十三五"之间最能缓解能源危机的一个重要手段。

杨东宁:请问陈宏先生,你们为什么会投资云峰他们?

陈宏:我认识云峰很多年了,我们公司虽然叫汉能,是"中国人能"的意思,但是跟能源没有关系,是一个投资公司。为什么我们投这个行业?他那天画了一黑板,没有稿子,也没有PPT,但我们发现他对中国能源生态体系太熟了。我们特别想投资这样的一个企业,我们觉得选择大的市场、团队商业模式都不错,所以就投了。我们的决策非常快,跟别的很多案子不太一样。

风险投资和私募股权是整个企业发展的一个催化剂。特别是在很多事情看不清楚的时候,是这些资金为了寻求一个特别大的市场、寻求一个非常高的回报而进行的风险投资。可以感觉到,美国的互联网市场就是被钱砸出来的,很多死掉的,有几个活着;中国互联网市场也是这样,几年前基本不存在,但是几年中风险投资对互联网市场进行巨额投资,一半投给了IT,IT里很多投给了互联网。

这就导致在很短时间内把一个概念变成了一个现实,变成一个庞大的公司。这就是为什么现在腾讯、阿里巴巴这样的公司已经进入世界级 IT 公司前 25 名,市值接近 300 亿美元、500 亿美元,甚至阿里巴巴 1000 亿美元都有可能,这就是风险投资,这是一个行业。

最近如果再问风险投资这波人这两年在看什么行业,他一定会告诉你,第一,TMT,第二,医疗服务,第三,就是清洁能源。很多风险投资会分三到四个组,基本上很多基金都在看这些。所以导致以前风险投资在投清洁能源,我指的不是大的煤矿、国家电厂,而是节能减排、太阳能和风电,这是风险投资投入比较多的,基本上每年 10 亿美元左右。

虽然 2000 年把新能源增长 15% 的要求变成了非化石能源增长(把核电都加进去)15%,但是看年增长,化石能源还是占主要的。效率提高 1% 市场就是巨大的,问风险投资喜欢投什么样的行业,他们一定会说我会看一个巨大的行业,节能减排就属于这样的行业,细分有几十种,大家总体就是在这里寻找。总体来讲风险投资在整个清洁能源领域还是一个小众。这方面大家有一个社会责任感,很多基金也更愿意投一些既能赚到钱又能体现社会责任感的项目。

举个例子,有的公司找到我们说有特别好的技术,在新建的楼宇可以监测自己能源的使用量,还有其他各种各样的技术,虽然投资量不是特别大,但是如果技术好各方面可能推广得非常快。

杨东宁:您提到煤的问题,神华集团过去这些年里以生态文明为导向的转型给大家留下了深刻印象,能不能请黄清先生从整体战略上描述一下神华集团在这方面的创新?

黄清:大家下午好!今天在座的有非常多的企业老总,也有天之骄子,跟你们对话非常非常难,所以我准备了书面材料。我主要谈神华集团的战略转型:从"各美其美"到"美美与共"。

简单介绍一下神华集团,神华集团是于1995年10月经国务院批准设立的国有独资公司,是中央直管国有重要骨干企业,是以煤为基础,集电力、铁路、港口、航运、煤制油与煤化工于一体,产运销一条龙经营的特大型能源企业,是我国规模最大、现代化程度最高的煤炭企业和世界最大的煤炭经销商。由神华集团独家发起成立的中国神华能源股份有限公司分别在香港、上海上市。神华集团在2012年度《财富》全球500强企业中排名第234位。

2012年年底,神华集团共有全资控股公司47家,投运燃煤电厂总装机容量6009万千瓦。拥有4500吨吞吐能力的码头,总资产价值8090亿元。生产原煤4.6亿吨,商品煤销售6.02亿吨,自营铁路运量完成3.39亿吨,发电3068亿千瓦时,港口吞吐量完成1.32亿吨,航运装船量完成9870万吨,各类油品化工品产量1014万吨,营业收入达3380亿元。

神华集团国有资本保值增值率处于行业领先水平,利润总额在中央直管企业里名列前茅,应该说一直稳定在前五位。安全生产多年保持世界先进水平,超过美国、澳大利亚和南非等以矿业为主的国家。

建设生态文明是关系人民福祉、民族未来的长远大计,所以今天的主题"社会责任"非常好,面对能源资源趋紧、环境污染严重、生态退化的严峻形势,作为一个以煤炭为基础的能源公司,或者是传统能源公司,我们自觉珍爱自然,积极保护生态,制定发展战略,务实创新,努力走向生态文明新时代。我们的战略是什么?

按照一般管理学理论,组织可以分成四类:第一类是营利机构。它们是经典的弗里德曼型企业,将经济目标作为主要关注点,同情心在经营中不发挥作用。弗里德曼认为,企业是通过利润最大化来履行其社会责任的,任何偏离股东财富增值的活动,实质上都是对社会的不负责任。第二类是关爱型工商企业(Caring Business Firms)。对它们来说,经济目标仍然是主要关注点,但是同情心正在逐渐成为非常抢眼的第二关注点。第三类是社会型企业(Social Enterprises)。对于这类企业,同情心与经济目标并重。第四类是非营利机构(非政府组织)。它们以慈善为导向,把同情心放在首位,经济目标居于次席,仅限于维持企业生存所需。

亚当·斯密的首部著作是《道德情操论》,他在开篇第一句话就阐明了整本书的基调和主题,他说人的天性总有一些根深蒂固的东西,无论一个人在我们的眼中如何自私,但是他的一些本性总会使他对别人的命运感兴趣,会去关心别人的幸福,虽然他什么也得不到。他又写到一个有道德的人,很自然地也希望被人喜欢,他不仅希望被人赞扬,而且希望值得被人赞扬,完美的人性就是关心他人胜过关心自己,就是慈善博爱的情怀。

我们神华集团的战略愿望是,建设具有国际竞争力的世界一流煤炭综合能源企业,成为同情心与经济目标并重的社会型企业。神华集团的生态文明战略导向是坚持绿色、循环、低碳,反映市场供求关系和资源衔接程度,建设煤基清洁能源,实现神华集团的有序发展。

围绕着这个战略,我们进行了实践和创新。今天讲能源创新,资源经济学有两个定义非常有名,第一个就是能源或者说传统能源是不可能被消耗完的。为什么？因为稀缺程度会推高边际成本,当你消耗最后一单位传统能源的时候你是不可能负担得起价格的。

第二个就是,资源不是经济问题,或者说资源短缺不是经济问题,是技术问题。这有一个很有名的例证就是通信领域,开始进入通信领域的时候大家知道主要是用铜轴电缆进行信息传输,会大量消耗铜这种资源。但是今天我们已经进入了大数据的时代,如果我们没有技术革命,没有迎来光纤时代,那么铜已经耗尽了。所以"资源短缺不是经济问题,是技术问题"有它的内涵。

神华集团对传统能源特别是我们的主导产品煤炭进行了分析。第一,煤炭燃烧完了之后有粉尘,没问题,可以处理;第二,煤炭燃烧完了有二氧化碳排放,云峰能处理;第三,有氮氧化物的排放,云峰依然能处理。这就是传统电厂的除尘、脱硫、脱壳。还有一个问题就是二氧化碳的排放,到目前为止对二氧化碳的排放还没有好的处理方法,神华集团在这个领域也做出了自己的贡献。

我们在北京的昌平未来科技城成立了北京低碳清洁能源研究所,这个研究所按照国家的设想应该是中国能源行业的贝尔实验室,所长是美国前能源部副部长,主要科学家是像于教授一样千人计划引进的29位科学家。现在我们已经有了500人的团队正在昌平进行能源创新,特别是传统能源创新。

我们有一个很重要的方向就叫二氧化碳的捕集与CCS,如果我们能把二氧化碳捕集住,封存起来,传统能源的所有问题也就解决了。资源经济学告诉我们,资源与废物的差别就是废物是放错了地方的资源。大家知道植物的光合作用就是吸收二氧化碳,产生碳氢化合物,释放氧气。如果将来这样一个反生过程能够被人类模仿,二氧化碳就是一个非常非常珍贵和重要的资源。

跟大家介绍一下我们这个项目:我们二氧化碳的捕集与封存项目是在内蒙古鄂尔多斯以神华煤直接液化排放的二氧化碳尾气为

燃料,是一个每年 10 万吨 CCS 全流程示范项目。我们想探索 CCS 高溶度二氧化碳提存技术、运移模拟技术,以及开发规模化的封存技术,通过示范项目的建设和运行,对系统进行全方位评价,形成二氧化碳捕集、输送、封存、监管等成套技术,最后形成 CCS 技术的研发平台,培养出一支 CCS 研发团队。因为这是国内首个全流程的示范项目,也是世界首个低孔、低渗的 CCS 全流程示范项目,设计跨领域、跨学科、跨专业、跨行业的项目,所以我们整合了多家单位,包括北京大学,也包括清华大学、中国科学院和其他一些国内的能源技术公司。

杨东宁:您刚才提到的云峰能处理很多二氧化碳、二氧化硫等,环保部解释对每一项标准值都有相应的技术方案,在节能减排的过程中,我也判断这个市场有可能是一个长尾市场,它可能会不断涌现出新的市场机会。但目前的市场情况一般人还是很难看透的。比如我们问问中国节能集团的王总,中国节能集团是以节能减排服务为主业的,可能您也做过一些其他大型能源企业项目。但是很多能源企业的节能项目是内部消化了,看起来这个市场现在是一个很复杂的情况,我不知道王总您怎么看中国节能集团在这个市场里面的竞争力,比如和云峰他们企业这种市场新锐比较来说?

王彤宙:云峰致力于一个专业来发展,我相信他会成功。我们十分推崇专业化,现在有两个时髦词,一个是"深化改革",我们的改革开放走到今天,很多东西都需要进一步深化改革,比如说,您刚才提到的这个问题,烟气治理、脱硫、脱汞仅仅依靠国家提供补贴是不够的。如果规模化发展,进一步利用脱硫产生的副产品,使之成为具有高附加值的产品,一定要走专业化的道路。另一个是"攻坚克难"。比如水电的发展,现在水电领域好干的地方都已经干完了,再往后发展,需要的就是"攻坚克难"。节能减排也是如此。比如垃圾发电,垃圾从哪儿来?怎么收集?这些需要政府、社会、企业去推动解决。中国与国外的模式不一样。在发达国家,垃圾收集系统非常健全,而我们现在还有相当大的差距,渠道建立与节能减排领域的发展有很大的关系。所以,我认为节能环保不能算做一个完完全全的产业,它是依附于别的产业而存在的诸多行业的组合。当然,一个行业要做大,可能需要将一个个小项目累加做大,并不一定是一个项目本身就很大。

节能环保领域的前景很广阔,但是难度也越来越大。无论是已有能源还是新能源,都有很大的节能潜力。但要节能就会遇到很多瓶颈,产业上、发展上都有很多问题需要我们进行深入研究。优化环境需要全社会共同参与,需要创新发展模式把它做好。

杨东宁:您提到从产业政策入手,我们能不能再细分一下,找一个关键点来看?我也观察到很多节能服务产业的企业,它们要做好一个项目要经过很多环节,比如找到项目,要有技术去完成它,要有资金,要有团队,还要搞建设和运营维护,这样的过程中就存在大量的融资风险和技术风险,就使企业特别难做,要把这些环节全部打通,最后还要处理好信用风险才能拿到钱。这样的话产业化发展就缺乏基础,做大大小小的项目,那么多共性的环节往往都要重新投入成本,总体来说成本太高了,因此很多节能机会无法商业化开发。

我们能不能认为,现在应该是把整个产业基础设施提升上来,把共性的环节更好地集中起来,让更多的企业在集约平台上以更低的成本,发掘实现长尾市场的潜力,使得大规模、定制化提供服务变成一种可能?这当然是我的一种设想,您认为这方面能有一些什么前景呢?

王彤宙：我们现在主要提供整体解决方案，也就是节能环保的综合解决方案。比如，对于一个省、一个市、一个县，或者是一个建筑群、一所大学、一家大型企业提供节能环保的监测、评价、咨询、规划、设计等服务，拿出一套解决方案，然后再由我们的专业公司提供投资、建设、运营等服务，还可以进行委托管理、在线监测等。应该说，这种方式非常契合我们集团涉及领域广、细分专业多的特点。这是差异化竞争的结果，是我们不同于其他企业的发展方式；同时，我们通过推行"区域化经营、专业化发展、综合化服务"，带动系统外企业共同为政府、地方、社会服务，有利于整个行业的发展。

另外，还有很重要的一点就是节能环保技术。我们在三个方面做了一些尝试：一是加大了产学研的结合；二是成立了中央技术研究院，做一些现有的比较有成果的技术集成；三是支持专业公司开展并购，从技术角度提升竞争力。

杨东宁：这个市场非常热，很多企业挺难的，但云峰我看那么多人关心你，都认为你能解决这些问题，你在这么热的市场里面没有感到一点"凉意"吗？

白云峰：真的没有，因为我觉得市场客观存在，而且需求越来越大。市场经过十年了，我从2003年开始做环保，十年中大浪淘沙淘汰了很多企业，留下的企业还是做得不错的。环保市场我觉得分为两大类，第一个就是脱硫、脱硝，这些是污染控制型企业，它的发展有赖于国家的政策，如果有好的政策，会有很多企业爆炸式增长，比如国内很多上市公司都在这时候实现了爆发式增长。但是到今天为止，这几家脱硫公司都在进行转型，比如凯迪在做煤矿和清洁能源秸秆发电，网新现在在做交通方面。"十一五"期间我们的烟气脱硫投运率已经达到85%了，这些企业没有太多的空间了，所以要转型。

能源和环保产业的关键是依托于技术。我们说实现脱硫后要实现脱硝,下一步还要实现脱汞,实际上下一步我已经能完全达到这个标准,脱硝能实现30%的效率,脱汞可以达到30%,达到了国家0.3‰的要求,所以技术可以做到,同样技术也非常重要。

另外,包括杨院长谈到的天然气、太阳能、风电以及工业节能企业,都在节省传统的化石燃料使用,这部分空间还是挺大的。我们这块欠的账比较多,要走的路也比较多,这块市场还是挺大的。中国市场确实规模很大,稍稍做就能做得很好。

我觉得中小型或者中型民营企业要做得精致,有一定规模,有很好的盈利,并承担相应的社会责任,社会责任应与企业规模相匹配,比如亿级的央企承担的是几十亿级的,我们承担几千万或者到亿级的,民营企业承担微小或者中型社会责任就够了,我们都可以把企业做得很精致。我们把企业做得小而精,方方面面做得都很好,管理很到位,文化很好,创新做得很好,新的业务推动得很快,我觉得这就是中国未来几年环保企业或者说我认为民营企业发展非常理想的一个状态。

所以我觉得这一行还是大有可为的,如果大家有兴趣,我还是希望很多人能够参与其中,真正推动这个产业的发展。

杨东宁:我感觉中国能源仍然是一种能源采掘和能源制造的模式,能源要想可持续发展,肯定要向能源科技和能源服务方式演化。刚才提到了天然气问题,吕院长谈的时候大家兴致很高。美国在过去五年时间里,非常规天然气从1万亿立方米增长到5万亿立方米这么大的规模,可能我的数据不专业,您能给我们一些专业的介绍吗?有观点提到中国和美国有一个可能是等量齐观的非常规天然气的潜在储量。中国目前在这个领域正在尝试民营企业准入,您怎么看这方面下一步的商业创新局面?

吕建中:听了刚才几位嘉宾的发言,我发现今天台上的嘉宾基本上把环保和生态文明建设领域的业务占全了。有搞节能减排的,也有搞能源结构优化的,还有搞产业结构调整的。其实,节能减排、环境保护、能源结构优化、产业结构调整就是生态文明建设的四大领域,创新也主要集中在这四大领域。我们现在大部分人做的还是前两项,一个是节能减排,少用油、少用气、少用煤,另一个就是先污染后治理。要从根本上解决问题,还要靠能源结构、产业结构调整和优化。考虑到新型清洁能源的发展尚需时日,我们必须从现实的化石能源中寻求现实的出路。大家现在感到天然气是一个比较好的选择,也包括煤制气、煤层气、页岩气等,都是一种现实可行的"桥梁燃料"。

回答你刚才提的问题,中美之间页岩气发展的条件差异比较大,包括地质条件、地面条件,归根到底还是技术差距比较大,市场运营模式也不一样。对美国页岩气的成功经验,绝对不能采取瞎子摸象的方式去认识。有人想强调市场开放,说美国有成百上千家公司在搞页岩气,也有人说是技术水平,还有人认为是基础设施等,其实仅仅用哪一个方面都不能全面说明问题。

美国的页岩气发展经过了漫长的道路,2000年时的产量只有90亿立方米,2011年就达到了1900亿立方米,眼看着要从一个天然气进口国变成出口国,这里面有很多因素。刚才杨教授的观点我是支持的,页岩气的发展需要调动各方面的积极性,采取更加开放的政策,与国外公司合作也不要老盯着大公司,完全可以跟那些掌握独特技术的中小公司合作。中小公司的创新能力往往更强,美国页岩气开发的关键技术大部分掌握在一些中小公司手里。

最近与国外的一些机构和专家接触,他们很关心中国页岩气市场的开放问题。我认为,中国的页岩气市场已经开放,而且今后会更加开放。国内目前几个主要的页岩气项目都是跟外国公司合作的,参与国内第二轮页岩气招标的也主要是一些地方企业、民营公司,大家的积极性都很高。

我总结三句话:美国页岩气这个梦我们可以做,但它会是一个漫长的过程,我们想一夜成功是不可能的;中国页岩气发展是开放的,对外国人开放,对中国民营公司、地方企业也开放;在座的各位如果有志于进入这个领域,是比较好的选择。

谢谢!

杨东宁:刚才您提到主要靠结构优化,一个是能源体系内部比例的优化,还有一个是整个经济结构和产业结构的优化。这里面似乎有一个假设,那就是,通过发展附加值更高的第三产业,第三产业比例增加会使整体能耗水平下降。但是,如果我们看看日本的变化,在过去几十年里,从20世纪60、70年代到90年代,它的第三产业占经济总量的比例发展到超过70%以后,能耗水平反倒反弹了。这当然也不难理解,大家对于便捷、舒适的要求更高了,所以导致能耗水平反弹。这给王总他们节能减排服务的业务提供了更大的空间。

但是,如果我们要考察能效问题,还需要更长期的积累。拿能源效率模型来说,事实上,不管是中国还是外国,决策者并不会把复杂模型的研究结果作为严肃的政策参考依据。尽管如此,充满争议性的研究模型仍在复杂化,至少它有一些积极作用,比如说通过争论能够形成更多的共识,在此基础上进一步提高政策决策过程的科学性。

另外，不同领域和专业的观点在碰撞的时候，大家更容易发现有一些突破惯性思维的领域可以去探讨，这也是很有意思的。刚才黄总做了一些准备，我们知道神华集团的能源业务有能源资源，有煤化工等能源转化，还有能源下游的"汇"，比如说把二氧化碳收集起来。您能介绍一下到底是怎么收集起来的吗？顺便讲讲神华集团在可再生能源方面的工作是什么样的。

黄清：我刚才听到杨教授讲转变经济发展方式和产业结构升级，我有点感想。

我觉得人为地去提倡或者是去做会有很大的困惑。因为咱们原来提过"转变发展的增长方式"，现在主要提"转变发展方式"。其实增长方式也好，发展方式也好，是什么决定的？是国家的要素的禀赋结构决定的。今天厉教授讲了一个国家主要有三种资源，自然资源、人力资源、社会资源。结构就决定了产业，所以想人为地调有很大的困难。这是第一点，这个观点如果大家对经济学熟悉的话应该能认可。

第二个观点就是我们能不能保护创造性破坏。中国在古典增长阶段结束以后，要进入到新的增长阶段就要有一个创造性破坏，或者说创新驱动，或者叫技术创新。我接着要跟大家分享的二氧化碳捕捉工程就是技术创新，就是创造性破坏，这才是调整产业结构的一个可为之处。因为现在要素结构已经决定了不进行创造性破坏就调不了产业结构，就不能转型升级。怎么办？我接着讲。

我们捕集二氧化碳的原理就是在煤气化的过程中把二氧化碳升压脱硫、脱油，最后冷冻、缩水，送到存罐里，由罐车运送到封存区，依靠车载将二氧化碳放到低温缓冲罐里，然后启动封存罐，将二氧化碳加热升温后注入中绳竹一井,注入过程中与地层发生热交换,使二氧化碳具有较好的扩散性。我们现在做了不同岩层实验,效果非常好。2003年我们开始在内部进行可行性研究,2004年美国能源部和我们一起合作,2007年中美同时立项二氧化碳封存项目,2007年的时候两国签署了中华化石能源封存技术开发的合作意向书,当时指定中方的负责单位是国家能源局,我们神华集团作为实施单位,美方是美国能源部和一个国家实验室。2009年7月份的时候双方开工,2011年1月2号成功地把它放到了目标层。

2011年5月份我们第一次对注入井的地层参数进行了测试,效果非常好。去年一年我们一共封存了6万吨二氧化碳,预计今年可以达到设计产能一年10万吨。它是个什么概念?就是我们投资2.1亿元,封存了10万吨二氧化碳,相当于4150亩的森林吸收的二氧化碳总量。这个示范项目将来要做到一年封存300万吨二氧化碳。

杨东宁:您这个捕集封存以后算做二氧化碳减排额吗?能卖这个指标吗?

黄清:如果将来建立碳排放市场就能卖。

我们开发了可再生能源,我们神华集团从2005年开始发展风电,七年来快速发展,在可再生能源领域从无到有、从小到大,具备核心竞争力,已经形成了开发、建设、生产、运营的完整体系。去年年底我们的风电装机规模达到423万千瓦,去年风电利润达6.6亿元,效益也居同行业前列。我们设了五个区域公司,有12个管理团队管理着42家风电公司。在有些地方我们是风电、太阳能发电和煤电一体的,我们自己通常称为"风、光、煤"。加快开发国内资源市场的同时我们也走出去,我们现在在澳洲拥有30万千瓦风电项目,应该也是国内可再生能源拥有海外项目规模最大的一家。

近期国家在新疆哈密有一个烽火打孔的项目,它的外送已经解决了,火电是神华集团的项目,火电为风电调控,这个项目也是非常难得的一个机会。另外我们在通辽签了300万千瓦新能源开发协议,通辽有特高压线路,送输条件比较好。在内蒙古的西蒙有300万千瓦风电和火电打孔项目。通过这些潜在可再生资源开发,我们能够实现神华集团的第二个创新的春天。

我们认为中国自古以来就有"道法自然,天人合一"的传统,需要我们弘扬。我们神华集团就是要做推进生态文明、建设美丽中国的引领者、推动者、实践者。对美丽中国我们的理解就是时代之美、社会之美、生活之美、百姓之美、环境之美的总和。让我们大家各美其美,美人之美,美美与共,天下大和。谢谢大家!

杨东宁:听了几位刚才讲的,陈总对这个领域的投资力度会有所提高吗?

陈宏:肯定会有所提高。讲一个例子,我觉得在一个低技术的情况下大家都在寻求地方政府支持,没有把所有的精力放在一起进行创新,如果能把浪费的一部分钱放到提高技术上,有可能产生出来的东西不但能降低成本、减少污染,可能价钱还比较合理。

我们上个月去了以色列,看到这个以创新为主的国家,仅780万人口,但所创立的企业数超过整个欧洲的总和。他们总统说我们一无所有,但是非常幸运,我们有的就是人,有人就有创新。他们有一个能源汽车的创新企业,被以色列的首富投资了6亿—8亿美元。他们认为以色列这个国家被所有的非友好国家包围着,几百万人口被上亿的敌对势力包围着。这是一个封闭的国家,汽车开不到别的国家去。他们说我们以色列又不产油又不产气,能不能利用自然资源?能不能利用太阳能?用太阳吸收能量,用电池把我们的能量存储起来,因为国家小,车也跑不出去,只要装足够多的电池充电站,电动汽车的产业结构就可以产生了。这样的概念最早是佩雷斯跟一个创业者做的,估计当时主要的动力就是把这件事情做好,以后让中东石油变得没有那么值钱,这是从政治角度出发,但是也是从自己安全的角度出发的。

这就是一种创新精神,我觉得他们遇到的最大的问题就是鸡和蛋的问题。一个中心电池充电站要 200 万美元,100 个就是 2 亿美元,1000 个就是 20 亿美元,如果充电站不多就不会有人买你的车,私人企业投资的时候遇到了这样的瓶颈,这是第一点。第二点就是电池本身的污染问题和充电能力也是大家关心的问题。在整个风能,特别是电动汽车里,最大的问题是在电池和储能的问题的情况下,钱别分散,几家公司共同进行电池能力的研究,我觉得这是一个非常有价值的事情。把成本降低了,这也是一个完全的生态体系。以色列是怎么做到这一点的呢?他们有一个首席科学家,这个人有个团队非常专业,他们可以把钱无偿地投入高科技,以色列有很多风险投资公司,这些公司给这些创新公司提供了很多资源。所以这么小的一个国家、几百万的人口就有四五千家创新公司。

我们最近一直看投资,中国在这方面可能不能投重资产或需要资本进行复制的行业。如果我们投一些企业,不管是电池企业还是其他企业,只要在技术上领先,不但在中国可以使用,在世界上的其他国家也可以使用,就可以投,现在我们更加需要一些技术去做节能减排。我们的能源增长需求量超过了 GDP 增速,在这种情况下,我觉得其实很多国家的资金,加上我们私募股权风险投资,可以联合在一起创造一项技术,这项技术可能在全球加以利用。其实清洁能源技术是中国非常有可能领先世界的一个领域。

于平荣：因为大家对传统能源的讨论比较多一点，我稍微解释一下，我从任何一个角度来讲都同意传统能源和新能源，比如太阳能、风能，肯定是要长期共存的，且长期来看还是以传统能源为主，但是新能源的比例会越来越大。大家对它最终能增大到什么程度可以有不同的理解，新能源增加是一个事实，如果能到100%，到底是2050年还是什么时候，这可以争论。

其实包括最悲观或者最现实的偏好传统能源行业的人，我觉得现在已经没有任何一个人能够离开新能源了。大家可能没有意识到，通信卫星大部分都是太阳能在供电的，我们在座的几乎每一个人都在受益于太阳能。另外还有一点是大家没有特别多考虑的，新能源在环保方面的各种贡献并不单单是成本的问题，还有一个综合成本的问题。除了这一层，还有一点值得大家多去考虑的，就是各种各样的新能源会带来一些能源方面的自主和能源方面的民主。所谓的自主就是山区的人也可以不需要电网就能用上电。那些崇尚自由的人可以选择住在遥远的地方，比如说不住在北京市中心了，也会有充足的新能源电力。而这种能源的自主和民主能够给社会带来很多更深层次的改变，我觉得这也是不可避免的。

刚才王院长讲了我们要做梦。是要做梦，但也要有现实。我十几年以前开始做太阳能的时候，几乎还没有这个产业，现在一些做梦的人把它做起来了。我现在开的车也是烧汽油的，但是我还是做着有一天能开上新能源汽车的梦。我们目前是5%的做梦的那一部分人，我心底里选择相信将来新能源百分之百是可能的，而且我愿意为之付出努力，不管现不现实，我宁愿先生活在这样的一个梦境里。

杨东宁：大家可以互动一下。

现场提问：各位专家大家下午好！我们公司是从事太阳能新能源这个领域的，是光热的中高温热利用。我们想在市场上推进光热应用，但产生了一些困惑，希望大家给我解解惑。科技驱动是工业革命的基础，能源与环境是依托于技术的，我们来自山东德州，我们的工厂在大概七年前是专门做中央空调的，七年前开发了太阳能驱动空调，到去年开始进入市场，经过了两年时间，做了很多项目的沟通，但是有一个感觉，今天进的很多新能源，比如电、煤、气，但是政策上对煤比较紧，对电和气比较松，我们算账也能算得过来，能源成本在西部很便宜，无形中对太阳能新能源的应用是一种压制。这种情况下我们去推广这个产品的时候，什么样的运作模式更好一些？

王彤宙：不同的产品在不同的环境下有不同的运作模式，很难说哪种模式一定就好。总体上而言，国家支持新能源的发展，因此新能源的电价高于煤电等传统能源的电价；但是又不能太高，国家希望企业通过提高技术、提升管理来降低成本。所以，企业一方面要通过提高技术、提升管理来降低成本，另一方面，在选择项目时要选择成本可进一步降低的领域。我认为政府不可能给新能源一个很大的利润空间，否则整个社会发展的动力会减弱。

陈宏：我们看企业的时候特别怕有些企业的基本盈利模式是靠政府补贴，因为政府政策是可以变的。

白云峰：我认识美国麻省理工学院的一个华人院士，研究纳米技术的，我们觉得咱们国内光热的技术已经很先进了，但是这个院士已经在无锡设厂，直接用四个纳米技术就可以发电，用太阳能直接发电，90多度的温度就可以发电。我们300度的热源都说没法用,人家 100 度左右就开始用了,所以技术真的是最关键的。

黄清:新能源价格竞争力之所以不强,就是因为对传统能源的管制。比如煤炭在 2008 年的时候每吨 1200 元,政府强令回到 800 元。所以说传统能源永远不会用完,因为你用不起。

现场提问:我对主题有一些看法,我认为不应该是生态文明导向的能源创新,而应该是反垄断,中国能源在垄断情况下不可能有创新,创新都是假的创新。

杨东宁:我们的论坛允许这种声音,但是讨论这种问题要有更深层次的依据。比如除了光热和光伏利用方式以外,太阳能的利用更基础和更重要的方式是光合作用,有谁在利用?农民利用光合作用种粮食,这是清洁的,但也没有因其清洁而获得更多的收益,这都是整个市场体系需要完善的问题。不能简单地用现在取得的进步否定过去能力建设所需要的过程。

现场提问:我们现在的废物、废气、废水排放好像相关专家讲得少一些。对于工业废弃物的再利用,比如废旧轮胎这块的产业政策怎么看?

王彤宙:对于工业废弃物再利用,每种废弃物都应该有定向的渠道。你说的废旧轮胎有固定的渠道,但有些废弃物目前还没有规定的渠道。目前,国家正在推广"城市矿产","十二五"期间将建设 50 个"城市矿产"示范基地,现在已经公布了 29 个。结合这个政策,国家还在推行资源循环利用城市试点。从目前来看,中国的金属、轮胎等工业产品,还没有到大规模废弃和报废的时候。也许到 2015—2020 年,这种情况就会到来。这是因为,一些产业的发展需要一个周期。比如汽车，发展高峰也就是最近几年，现在国内真正做废旧轮胎深加工的不多，轮胎橡胶化再提炼也有一些地方在做，但是还都没有规模化。

现场提问：我想请黄总或者是汉能投资集团的陈总谈一谈，关于现在现有煤新技术的利用，比如智能蜂窝煤的发展。

黄清：我认为煤炭领域最有发展潜力的是低解煤或者褐煤。

白云峰：最早神华集团研究煤燃烧的时候，我记得当时做了大量工作，有12本技术导则，解决解焦的问题、多钙的问题、黏度的问题等，这个技术已经突破了。现在有一些地方入炉煤之前有清洁煤的燃烧技术，现在物理方法已经到了一定阶段了，化学方法也在使用，包括往里面添加一些添加剂或者其他物质，使得燃烧过程更充分，污染物的排放也会更少。这种技术还是有的。

我们不太了解你说的蜂窝煤，但有一点，民用这块是在优化燃烧，我觉得只要是能够节省能源消耗、提高热效率的使用技术都一定会被重视的，所以我觉得一定是有前景的。

杨东宁：因为时间关系，还有很多议题，比如智能电网、储能技术等很多议题，今天没有办法去展开。尽管如此，我们还是要以热烈的掌声感谢在座的嘉宾，感谢各位！

如果我们回顾人类发展史的话，人类的文明史简直就是一部能源史，从钻木取火到追逐阳光，到农耕文明、自给自足，再到工业文明、信息文明，以至于到现在我们提出的生态文明、能源演进都是其中的主线之一。今天讨论的题目被冠以社会责任，我也建议大家回去看看重要的能源企业，包括新兴能源企业，在社会责任方面的创新实践，以及它们和外界沟通的水平，这类信息一般常见于企业的社会责任报告,或者是可持续发展报告。中国企业在这方面已经接近国际水平。

我相信,能源创新的议题与经济发展、社会进步、人文精神、自然环境等领域的进一步交汇,一定会谱写新的文明篇章。在座的不管是职业经理人、职业政治家,还是科研人员,都会在这个过程中面临着更大的机会,朝这个方向努力也是我们重要的时代使命!本论坛到此结束,谢谢大家的参与!

嘉宾介绍

白云峰 北京国能中电能源有限责任公司董事长

工程热物理专业环境工程方向博士研究生,曾任中国博奇环保科技(控股)有限公司执行董事、首席执行官、总裁,现任北京国能中电能源有限责任公司董事长,同时担任国家环保部燃煤大气污染技术工程中心副主任、机械工业环保标委会固废分标会主任。2007年,带领博奇公司成功登陆日本东京证券交易所主板一部市场(简称"东证一部"),成为中国首家登录东证一部的公司,也是世界范围内首次发行就直接登录东证一部的非日本公司。因为在环保节能减排以及国际资本合作领域所做的积极贡献,当选2007 CCTV中国经济年度人物,是目前为止获此殊荣最年轻的人士。

陈宏 汉能投资集团创始人、董事长兼首席执行官

是亚太地区一位负有很高声望的新经济领袖。曾于2000年和2001年担任亚美制造商协会（AAMA）的主席。这家位于硅谷的协会是整个亚太地区最大的致力于高科技研究及发展的机构，属下会员超过1000个。也曾于2000—2003年担任华源科学技术协会的创始会长。于纽约大学石溪分校取得计算机科学博士学位。此前，在19岁时就取得了西安交通大学计算机科学学士学位。

黄清 中国神华能源股份有限公司董事会秘书

北京上市公司协会副理事长，美国艾森豪威尔基金会高级访问学者，工学硕士，高级工程师，曾在湖北省人民政府工作，1998年加入神华集团，多次获得数家机构评选的"最佳董事会秘书"荣誉，公开发表文章数十篇。

杨东宁 北京大学光华管理学院副教授、责任与社会价值中心副主任

1995年毕业于吉林大学环境学专业，2000年获厦门大学环境科学（工学）博士学位。2000—2002年在北京大学应用经济

学博士后流动站工作,期间曾为美国曼隆学院访问学者。

　　研究领域包括企业环境管理、能源效率、企业社会责任、可持续性创新等。曾是中国环境与发展国际合作委员会环境经济工作组成员,目前担任北京大学战略研究所副理事长、管理案例研究中心副主任等职务。

分论坛二总结

能源创新是个宽泛的概念，涉及制度、政策、市场、科技、企业管理、自然环境以及国际政治等多重视角，因此，本分论坛强调社会责任，特别是生态文明的战略引导性，期望能在数小时的研讨对话中汇集浓缩的、鲜明的甚至有挑战性的观点。论坛的第一环节是主题演讲，主要包括能源发展的总趋势、新能源产业的国际因素比较、能效服务和新兴能源等内容。第二个环节是圆桌论坛，从能源企业创新战略、节能减排领域的商业模式、创业机会等方面，对论坛主题进行延伸，更多地聚焦于能源创新实践的若干细节问题。

主题演讲环节分享的核心观点综述如下。

从能源角度来看，第三次工业革命的重心就是生态文明。目前中国的能源消费结构没有发生根本变化，虽然新能源也在发展，但是煤、油、气还是主导着整个大的趋势；面临的难题是低碳化进程的紧迫性。为此，一方面，在开发可再生能源的同时，关键要节能；另一方面，还要解决增量能源供应问题，而转变经济增长方式、转变发展观念、切实促进低碳化进程是必由之路。

对新能源产业化前景的质疑，在一定程度上，能够推动产业界在进一步的发展过程中创造出新解决方案。能源科技和市场方面需要更多的积极因素。从技术进程来看,首先要坚信好的技术,能够改变世界的技术,是能够被创造出来的;其次,经过长时间的渐进积累,很多新能源技术已经具备了大规模推广的可行性。从商业模式来看,无论是传统的还是新兴的,都应该因地因时制宜。例如,过去十年,美国在新能源领域里过于关注"新",忽视了经济性;中国的模式则简化为片面追求规模,导致加工产能过剩。然而,整个行业还在健康向前发展。对科技和市场进行创新性结合,这种行动就是社会责任的表现。

目前,节能环保产业迎来了很好的机会,但压力和挑战更大。能效服务产业的创新,首先是政策和法规的创新。例如,实施谁污染谁负责、引进第三方治理的原则,有助于推动节能环保产业向高科技和专业化发展。现阶段应建立政府主导、企业主体、市场导向、科技驱动、全社会共同参与的能效服务模式。其中,能效服务模式创新方面,一是综合能效环保服务,二是合同能源管理。通过碳交易进入资本市场,既进行了产融结合,也会给整个产业带来更大的发展空间。

天然气是通向低碳未来的中间桥梁。未来二三十年里,化石能源仍将保持主体能源的地位,天然气发展已经进入了黄金时期。美国页岩气革命是现实和客观存在的,并且对世界能源格局产生了重大影响;同时,它也是一个漫长的革命,只是近几年发展得非常快而已。由此引起的世界地缘政治政策会发生很大的变化。中国天然气利用的前景广阔,现在天然气已经成为城市改善大气环境的首选能源,天然气汽车和分布式能源很值得关注。2000年之后,中国天然气消费量以两位数的速度在增长,一次能源中的比例从过去零点几达到现在的4.8%,但与美国(26%)和亚太平均水平(11%)相比,还有很大的差距。在看待我国天然气资源开发的潜力时,可参考资源三角理论。无机生油理论可能被我们忽视了。关于中国能不能复制美国页岩气的成功的问题,现实中有很多挑战和困难。这不但是一场技术革命,还需要市场化改革和扩大对外开放与合作,大胆探索新的商业发展模式。希望通过大力发展天然气助力美国与中国的建设。

圆桌论坛环节也产生了一系列有意思的互动话题,择述如下。

中国目前能耗超过 30 亿吨标煤。30 亿吨煤的体量大概相当于 60 个足球场的面积、珠穆朗玛峰的高度。这么多煤有 80% 用于高耗能的火力发电厂、冶炼、化工等,而发电里有 60% 多用于高耗能行业。节能服务产业面临一个什么样的市场?如何判断商机?嘉宾认为,对于节能服务市场,现在缺的是大规模、体系化和有持续效果的节能。从投资角度看,能源效率提高 1% 市场就是巨大的,风险投资喜欢节能减排这样既能赚到钱又有社会责任感的行业,不过总体来讲风险投资在整个清洁能源领域中还是小众。

能源企业生态文明导向的创新方面,以神华集团为例,面对能源资源趋紧、环境污染严重、生态退化的严峻形势,作为一个以煤炭为基础的能源公司。神华集团的战略愿望是,建设具有国际竞争力的世界一流煤炭综合能源企业,成为同情心与经济目标并重的社会型企业。神华集团的生态文明战略导向是坚持绿色、循环、低碳,反映市场供求关系和资源衔接程度,建设煤基清洁能源,实现神华集团的有序发展。围绕着这个战略,神华集团进行了实践和创新,在北京的昌平未来科技城成立了北京低碳清洁能源研究所,跨领域、跨学科、跨专业、跨行业开发二氧化碳的捕集与封存技术等。

再如,中国节能集团以节能减排服务的专业化为导向,同时,主动攻坚克难，追求产业协同。对于如何把整个产业基础设施建设提升上来，使得大规模、定制化提供节能服务变成可能的问题，中国节能集团的切入点一是提供整体方案，二是加大产学研合作研发和成果技术的集成，以及通过专业公司进行并购提升竞争力。

关于能源效率服务产业面临的瓶颈问题，嘉宾认为市场的潜力空间尚大。对于中小型民营企业来说，要在管理精细化的同时发展规模，做好专业，保证盈利，承担社会责任。

圆桌论坛主持人认为，中国的能源发展仍属于能源采掘和能源制造的模式，要可持续发展，必须向能源科技和能源服务模式演化。嘉宾认为，在推动节能减排技术和商业化的同时，更重要的还是能源结构优化。以中美之间页岩气发展的差异为例，资源禀赋、技术革命、基础设施都不能成为简单的成功因素，而是需要调动各方面的积极性，采取开放的姿态。国际上的中小企业拥有很强的技术手段和技术能力，也可以跟它们合作。中国页岩气不仅对外国人开放，对中国的民营企业、地方企业也是开放的。

能源创新的议题范围非常广泛，生态文明导向的内容也极其丰富。这给能源企业的持续发展和履行社会责任提供了更富有想象力的实践空间，我们完全有理由期待各个利益相关方合作发展更加多样性的甚至跨界的讨论方案。

分论坛三

社会责任：医疗健康产业价值再造

时间：2013年1月6日13:30—17:00
地点：北京大学光华管理学院1号楼203室
主持人：张炜，北京大学光华管理学院副教授

全球的医疗健康产业正处在徘徊中，面对日益增长的公众健康需求、医疗技术的不断进步和有限的社会资源，在中国医改进入深水区时，我们面临着一些不可回避的根本问题：如何定义并分享价值？如何突破传统边界，开启多维度的创新？如何动员和协调各利益相关方，在现有资源中协力共创更大的价值？

社会责任呼唤新的政策，更呼唤管理与创新的能力，价值共享是权力，但也蕴含着各方义务。我们期待着在医疗健康产业全球转型的前夜，共聚北大光华新年论坛，在全球大潮和中国产业变革之时，与各位嘉宾共同开启思想碰撞之旅。

分论坛开幕词

刘 学

刘学 北京大学光华管理学院教授、副院长,高层管理教育(ExEd)中心主任

北京大学工商管理博士,北京大学战略研究所所长,北京大学卫生经济与管理研究院副院长,经济与预测研究中心副主任,中国保险学会医疗保险分会常务理事。霍英东教育基金会高等院校青年教师奖、安子介国际贸易研究奖、安泰奖教金获得者,北京市教育创新工程创新标兵。主要研究领域为技术转移、战略网络、战略思维与决策分析、组织成长管理、领导艺术、医药产业政策、医院管理等。

健康产品、健康服务的提供者,常常会从价值创造的角度来谈他们的成就和贡献,常常会讲他们如何通过高投入,承担了高风险,经过漫长的周期,开发出了有效的新药,解决了患者的健康问题。医院则从医疗服务提供者的角度来跟社会公众说,它们怎么创造了新的诊疗方法,使得过去无法发现的疾病得以提前发现,无法治疗的疾病得到有效的治疗。但是,作为消费者、付费方,患者常常从价值分配的角度来考虑问题。患者对他们在享受医疗服务中的某些不愉快体验会有极其深刻的印象。一谈到医疗健康产业,他们有时候会讲,医生如何利用信息非对称来诱导消费、诱导需求、谋求私利,医药企业如何通过低质量、高定价来危害消费者的利益。

不同的利益相关者从不同的角度、不同的立场观察健康产业,常常会有不同的结论。

爱因斯坦曾经说过:"当今世界存在的问题,无法在产生这些问题的思维层次上得以解决。"可以说,医疗健康产业存在的问题,也无法从产生这些问题的思维层次上得以解决。医疗健康产业所有的利益相关者,需要重新思考、重新定位价值分配和价值创造之间的关系。离开价值创造,单纯地去讲价值分配,那是"竭泽而渔"、"无源之水",长久的利益一定无法维持。但是,离开价值分配,单纯地讲价值创造,同样没有任何意义。

所以,我们今天把医疗健康产业链条当中关键的人和各位消费者聚集在一起,希望能够通过有效的对话,重构产业利益相关者之间的关系,共建一个和谐共赢的产业生态。我们知道仅仅靠一次论坛肯定做不到这一点,但是至少开了个头,谢谢大家!

圆桌论坛

张炜：谢谢刘老师的开场致辞，今天我们议程的上半场讨论"责任治理与变革"，下半场聚焦"多元·协力·共赢"，最后我们有一个《医疗健康产业管理教育白皮书》的分享。

无论是什么国家和系统都有一个共同特点，就是"人均医疗支出符合增长率，每个人花出的费用超过GDP的年复合增长率，个人收入增长赶不上GDP的增长"。医改这么困难，到底是谁的问题？我的回答是，我们大家都参与了这个环节，每一个人、每一方都在一起导致了这个结果。我们强调社会责任和价值，医改的途径不是靠消费者，而是靠管理创新。我看过医疗中最经典的费用和质量的关系。传统上认为质量越好，消费越高，但是过去的研究发现了这样一个问题：质量越差，费用越高，好的质量可以为社会创造价值。从2009年到2013年做的调查，我们问的问题是：展望未来，你会在多大程度上担心医疗质量下降？60%的人担心医疗质量会下降，80%的人认为医疗费用还会上升。你在多大程度上担心医疗收入得不到改善？大家认为每年医生的收费还是很难得到改善的，这除了政策之外，还需要靠管理创新来解决。我们遵循医疗服务价值链，有保险方、医疗服务方、生产方,还有我们每一位消费者。中国过去三十多年缺医少药,没有产品。展望未来中国会怎么样?世界上别的国家有的产品我们都有,保险也慢慢接近中等发达国家的水平,但老百姓在抱怨,我们看看医院作为提供方会有什么改善和创新。

直到最近五年,全世界的学者和业内人士才认识到,应该从管理开始,考虑什么样的管理能提供价值,其次是什么支付可以鼓励这种好行为,最后讨论一下我们有多少钱。今天非常有幸能主持上半场的讨论,请每位嘉宾用十分钟的时间阐述自己对议题的理解,首先有请刘院长。

刘玉村:刚才刘学院长讲,"现在这个行业是发展最不好的时候"。我觉得医疗卫生行业,如果现在是医生职业氛围非常不好的时期,那么相对而言恰恰是中国医院发展最好的一个时期。若干年以前城市的地标性建筑往往都是银行,近些年很多城市的地标性建筑却是医院,并且医院的建筑也时常被拿到网上炒作,外部怎么样,内部怎么样。医生的职业氛围好像是挺不好的,但医院的发展确实是日新月异。大家想想为什么会形成这么一个局面?我觉得是跟国家发展的轨迹相适应的。1978年的改革开放,小平同志给中国社会开了一条道,实现了"以经济建设为中心,把提升文化道德放在次要位置"的变革。中国三十多年的经济发展,推动了各行各业的进步,包括医院。然而我们的文化水准、道德水平,并没有与经济水平的提高同步发展,所以出现了很多社会上的这种现象。包括我们院长、医生所困惑、担心的都是我们这个行业到底会是一个怎样的未来,还有多少医生、医院院长会让自己的子女去从事这个曾经、今后都将被认为高尚的职业。但是中国有一段时间处在一个断篇区、盲区,恰恰是这个盲区带来的危害,影响了我们在座的各位。我这个年龄段的人,再过二三十年,活到八十岁,到时候疾病缠身,为我治病的人就是现在成长起来的这批人,我能把我自己的健康和生命交给现在我们带出来的徒弟吗?这个板子要打,是打在我身上还是社会身上?谁来承担这样的社会责任?北京一流的高中毕业生,会选择北大法律系,选择光华管理学院,选择元培班之类的专业,但很少有人会选择医学专业。二三十年以后,如果我们中国人把自己的健康,乃至把整个行业交给非一流的人,您自己不担心吗?国际上全是一流的人学医学、法律,中国却是二三流的高中毕业生去学,二三十年后,我们的军事工业可以跟外国竞争,经济学家和法学家可以跟外国竞争,但医学这个行业怎么和外国去竞争?这个问题不应该是我和王杉、许树强、张炜几位来考虑的,而应该是比我们更高明的人考虑的。我们想做区域卫生规划,思考怎么让医学适应社会需求和发展,想看二十年以后中国到底是什么样的。我们做的事情对得起当下人,但对不起后人。医改讨论的所有焦点谁都清晰,所有的问题谁都能说明白。但是我们需要实战兴邦,拿出一条东西来。

邓小平的改革是给我们中国社会开了一刀,治大病,把肿瘤切除了,实现了改革开放,但也遗留了严重的并发症。按预科大夫的解释一般都认为是膀胱炎,有时候发现梗阻、肚子疼、肚子胀,就会限制你的吃喝,影响你的生活质量。而且梗阻时间长了常常会危及生命。肚子疼的话,是肺炎还是腹部出现肠露?除了肺炎有严重的问题之外,应该就是开刀以后带来的问题。往往开第一刀很简单,第二刀比较难,第三刀更难。一般来说年轻大夫这时候需要极大的勇气。当我上手做了这件事后,病人好了,皆大欢喜。如果说开完以后出现了肠胃死这样的并发症,这时候由谁承担?社会能承担吗?病人能承担吗?家属能承担吗?我觉得我们真的到了一个节点,医改同样如此,每个人都能说出办法和道理,但是这个责任由谁承担?总应该有人承担,有人敢拍板。习总书记最近一次讲话提到要有顶层设计,同时也要摸着石头过河。这代表你可以干,干错也没有关系,这是一种积极的信号。我们需要顶层设计,但是顶层设计完以后不一定都能实现,所以要结合这两个方面。我们需要一点点积累,需要高屋建瓴的理论以及高人的指导。作为医院院长我们承担了很多社会责任。我从2006年开始当院长,干的第一件事是,9月份跟医疗队下乡,由30个人组成的医疗队去山西武陟县给老百姓看病,调研县级卫生院、村卫生室的结构。我给中宣部的领导写了医改建议,即"重点建设县医院,抓两头放中心"。怎么改农村县医院?一定要抓好县医院、村卫生室的建设。前天晚上中央电视台录制了"最美乡村医生"的颁奖晚会。作为医院院长,我参加了颁奖典礼。我觉得只有把村卫生室和县医院建好,老百姓才会受益。"医德没大小,医生有高低。"北京大学第一医院作为全国顶尖的医院,我们愿意为你医学技术的成长铺就一条道路,北京大学第一医院的大门永远为你敞开。我们作为大医院的院长承担着很重的社会责任,我们关心老百姓的疾苦,关心社区医院的规划。

王杉:谢谢北京大学光华管理学院的邀请。这之前我看了主题,讲"医疗质量"。在座的除了我们同行,也来了很多投资界、保险业还有媒体界的朋友,所以我尽量往大家感兴趣的方面说。医院有两件事是一定要做的,第一是看好病,用我们专业的词叫"医疗质量持续改进",第二是服务好,让病人、家属到医院里面感觉更加人性化。医改是改政府,不是改我们,医院是被改。要保证医疗质量就是要把病看好。其实医院比任何一个企业都复杂,如果你用抽查的方式做质量监控则很难保证结果的真实性,因为一般犯错误的总是少数。如果没有抽查到少数人,就不能真实反映质量情况。而科学统计分析和做到个体化的纠正错误更关键。

我们讲到医疗质量通常会关注"人",其实"物"也影响着医疗质量。影响医疗质量的有药物、高值耗材、低值耗材、试剂、医疗设备,甚至通用设备。像人民医院,规模跟大部分三甲医院接近,一年250万的门急诊量,6万多的住院量,物流有这么多的物品,那么多的供应商,设备也是几万件,要把它们进行全员追踪、全程追溯做到个体化,怎么来操作?现代技术可以说是当今最先进的,甚至军工技术最早转为民用就是在医学方面,每个环节中用到现在最时髦、最有投资价值潜质的技术都在这里。我们对医生的医疗行为进行追踪,进行事前提醒。这需要现代技术,需要大家的投入。

我们现在用IT技术对250多个质控点自动进行监测。大家都在担心过度用药、过度检查,给付制度的改革如DRG,其中有一个非常重要的就是遵循临床路径,这样的病人你该给什么、不该给什么,那么多人群需要监测,这就需要技术支持。要开出任何适当的医嘱,确定所有路径,这给现代技术提出了新的要求。刚才提到了合理用药,包括品格、数量,追踪不同医生群的用药水平,都需要现代技术,包括互联网技术。刚才讲到那么多的设备,我们现在需要全生命周期、科学、可控的设备,可以对数据进行研究,包括每一个环节、每一个步骤,减少给病人安全造成威胁的差错。

质量控制一定要做到闭环管理。如护理的闭环管理,要实现"正确的病人"、"正确的药品"、"正确的时间剂量和用法"。我们用现代技术实现医疗质量的持续改进和病人安全。如刚才所说,必须要规范和标准。用现代技术对院内感染实行预警、控制,从而将过去的事后模式变为事前的预防,这对治疗来说至少要提前七到十天,从症状发生时就进行院内感染监测,没有先进技术根本无法做到。在21世纪要想做到全员追踪、全程追溯、科学统计分析,做到个体化的纠正,没有现代技术的帮忙是很难实现的,谢谢。

许树强:2011年是"十二五"课题申报的开局之年,有大量的课题申报。这一年,人口和生命领域涵盖了疾病预防诊断治疗和防护。这些问题引起了我们的重要思考:大医院应该干什么?在干着什么?我们得出一个结论,传统意义上的医教开始延伸到前面的预防医学和后面的康复医学。在不少的大医院既有康复医学中心,又有疾病预防、疾病控制的办公室或者是科室。尽管有的医院比较弱,但是这样一个形态已经形成。去年的6月份,我在梅奥,这个世界上最好的医院也在做医教科研。大量的神经疾病康复,几乎把以神经疾病为核心、涉及健康和长寿链条上的东西全做了。一个中心居然把链条上涉及的所有的事都干了,说明了什么?医院是来治病的这样一个理念受到了严重挑战。我们看看英国剑桥的艾登布鲁克医院,它考虑这个病人如何健康、再多活若干年这样的问题。所以这些必然是我们要注意的一个问题,即大医院在解决健康长寿的问题,或者说疾病链条上一个延伸的内涵问题。医院的分机网络体系,刚才刘院长讲的是农村,我来讲讲城市。大医院、中小医院、社区、家庭,这样一个思维有错误吗?这样一个体系的建设才是医疗和健康长寿的一个基本保障。但是我们可以看出问题来。社区卫生服务中心,无论是在城市还是在农村的乡村卫生院,包括现有医院,建得是越来越豪华,但是真正来看病的少得可怜。到目前为止,大医院人满为患,有人说是因为保障体系的原因,那是一个方面。另外一个方面是我们要从实际出发,做一个理性思考,思考人们的需求发生了什么样的变化问题。人的整体素质提高了,对健康、基本疾病的认识提高了,就连感冒都需要到医院去诊断。这样一个基本的东西使我们的需求发生变化了,大家对社区中小医院的需求也发生了很大变化,需求量在下降,这个是不争的事实。

大量真正生病的人不仅仅希望到有优质医疗资源的地方得到优质诊断和治疗,更希望在一个地方彻底把病弄清楚。我们看看国外是怎么对待这个问题的。我们组织了一个团到法国去,到法国的社区,其医疗卫生体系在全欧洲都是健全的,我们从它的社区看到一个重要问题,即社区在萎缩,大量职责在弱化,工作量也在减少。为什么?在于一个根本的问题——信息化技术。信息化使我们无需过分依赖社区医疗中心或者中小医院。从家庭到医院,我们在服务链条上发生了变化,这也是事实。卫生部也在深切关注着这样一个变化,需求到底是不是发生了变化?我们讲到这的时候,来看看医院自身有什么规律。

一个医院的诞生发展,依靠的是什么?它受很多因素的影响,它是社会组织,需要社会各个方面维系医院的发展。医院的诞生就是这样,是有需求的。古希腊时期战争产生了需求,但是没有医疗,那怎么办?宗教代替治疗。接着解剖学发展起来,西方医学发展起来,医院就产生了。这个时候医院是治病的,有了病到医院。护理的发展推动了医院整体的完善。我们有的医院是病床医院,如北京协和医院,它的发展就非常明显。宗教推动西方医学在我国的发展,这个过程中有一件大事,就是20世纪70年代恩格尔教授提了一个医学模式,即生物、心理、社会三位一体的变化模式。医院悄然发生了变化,什么样的变化呢?从神灵医学到自然哲学医学模式,到生物医学模式,到生物、心理、社会医学模式,必然有一个模式会诞生,那就是健康长寿的医学模式。生物医学涵盖健康长寿,仔细地梳理一下，以健康长寿为核心的医学模式，是我们在后期的一个需求，是以人为本、以健康长寿为目标的一个价值观。这个模式更加关注的是"人"，而原来的医学模式，尽管我们强调以病人为中心，但它还是关注着"病"。健康长寿医学模式对我们未来的医院来说有一个最大的变化，就是各个医院都在做大医院，做了很多目前医疗过程中康复医疗在做的工作，我们的大量研究围绕生命科学、围绕基本长寿，目标都是健康。我们实际上已经处在做的过程中，只是还没有系统归纳起来。

未来医院发展在健康长寿这个模式上的实现路径是什么？我们思考两个路径。第一个是实体医院进行资源整合，第二个就是虚拟医院，尤其通过信息化，通过健康管理，把大医院、社区、家庭、个人联系起来，以此实现全新医疗服务模式的转变、医疗职能的转变、医疗边界的转变。

我们实体医院做着一件重要的事——准备扩建十万平方米。不是为了增加床位，而是为了发挥教学、科研和预防康复的职能。我们做资源整合，对周边的医院进行整合，我们没有学上海一些医院的做法，在郊区或者更远的地方建分院，中日友好医院由卫生部直接领导，对周边的医院进行了整合。连着的全是周边的医院，包括剑桥医院，以及东边建的望京国际医院等，有六个医院在框架下。我们得到的一个启示是，医院的资源正在发生重大的变化。我们必然要思考，传统意义上的医院在面临着挑战，一定要围绕健康和长寿这样一个概念去发展。

同时我们也做着虚拟医院，正在建数字化的医院，它有狭义和广义之分，广义就是把区域、远程拉到家庭和个人身上，这样的一个区域化的、虚拟的、数字化的医院框架正在建设中。我们相信"以人为本共铸健康"的模式和发展思路,医院一定会在健康和长寿上做出更大贡献,谢谢大家!

张炜:现在有半个小时的时间由观众提问,然后我们开始讨论。

现场提问:谈到医生多点职业,应该如何解放医生的生产力?

许树强:医生多点职业,在2009年写进国务院医改的意见里面去了,我曾经是医改解读专家,谈过很多具体认识和看法。一个主要的认识就是多点职业是必然要做的一件事。但是现在离必然还有一定的距离,最大的距离是什么?由于我们全行业属地化,多点职业是必然要在北京乃至全国发展起来的一件事,这是符合医生规律也是符合医疗规律和中国国情的,我相信这件事后面会做得很好。

现场提问:我想问人民医院的王杉院长,您说的是在西方模式下,中医怎么纳入这个体系,您认为21世纪中医应该怎么发展?

王杉:我个人认为,应该中西医配合,而不是中西医结合,我想不只有许树强院长同意我的观点。大家认为科学是最重要的,中医有自己的道理,不能用西方的医学道理解释,中医长期生存有其必然的理由。我现在52岁,也只能说越来越不懂,不敢说不信,它生存那么多年了,一定有它的道理。

刘玉村:人的健康实际上有三个层面,第一个层面是结构健康。治理结构健康最有效的手段是西医的手段。第二个层面叫机能健康。如何调节机能健康?大家都说吸烟、喝酒不好,但又为什么存在了这么多年?实际上它在一定程度上可以调节人的机能,但是过度吸烟、饮酒会损伤结构,所以我觉得中医的贡献恰恰是把人作为一个整体,在调节人的机能方面比西医要有效。第三个层面是心理健康。怎么能做到？需要社会、需要家庭，特别需要来光华管理学院听听课，这样心理就健康了。

现场提问：我有一个问题，刚才刘院长提到医改里面要抓两头——大医院和社区。从大医院和社区的关系来看，社区会成为大医院的附属，还是社区有自己独特的发展模式？第二个问题也涉及基层和大医院的关系，这里面涉及医生关系，这个问题想问许院长，中日友好医院有社区，但是里面医生的职责归功不一样，大医院是专科医生，从专业去思考，而社区医生更多的是GP，他的工作职责不是以病为出发点，而是以人的健康为出发点的。我想提的就是这两个问题。

刘玉村：刚才许树强说他下面有社区中心，不同医院有不同的分工，我去帮你是尽社会责任和义务，如果层级分不清楚，社会分工就不明确。现在无论是集团单位还是个人，在社会上的定位角色应该说越来越清晰，如果说大医院带的社区，所付出的成本代价对社会来说比较高，对大医院的发展也是不利的，那为什么院长会热衷于此？为什么会如此关注？这是因为大医院需要门诊病人。虽然我们门诊人满为患，但是我希望来更多的病人，然后我选择里边更优秀的病人。这话不能再延伸说了。

许树强：我先说第一个问题，医生怎么解决，社区医生必须是全科医生。我们的医生拿的是全科医生资质。

第二个问题，刘院长讲的是不是医疗资源的一种非优质化？我认为恰恰相反，是优质化。我们中日友好医院有将近一千位医生，医院的代谢很困难，正好利用这个模式，把一部分医生变成全科医生，解决内部问题。还有一个想法，我们想把大医院、社区和家庭作为一个联合体建设起来，这也是卫生部在探索的事。我们中日友好医院直接建设社区、直接探讨这件事,也正在考虑未来是否应该建立大医院、社区加上家庭和个人两位一体的模式,我对这个模式充满信心。

王杉:跟大家讲,整合医疗卫生体系,不仅我们在做,国际上发达国家也在做。2012 年 11 月我们去意大利等 34 个国家,其中的发达国家和发展中国家都在探索 IDS 模式。IDS 有三种模式,第一种是类似许院长说的,就是紧密型,包括了各级各类的机构。第二种是合资模式,是共担风险,将来公营、私立都有可能。第三种是我们过去做了五年的,叫契约合同制。因为现在政策不允许托管、兼并,所以叫部署医院,有特殊政策。促进无缝隙的医疗卫生服务链,其中有控制成分,实际上我们理解的各个医疗机构,一定是刘院长说的,有它自己的功能定位。我也不完全赞成都是专科医师,全科医师翻译过来会产生一个误区,但他是任何一个专科医师都不可取代的,两者必须并存。与此同时也必须存在这样一个体系,只不过在我们国家相对比较弱。我就想补充这一点。

张炜:谢谢三位院长对医疗模式创新的探讨,在整个创新选择的过程中,三位院长觉得主要障碍在哪?

王杉:医改就是改政府,就是改政策。我们不能说这都是人家的职责,我们必须有责任、有义务去进行探索,为政策的制定提供数据和试验的模式。

张炜:除了政府和政策咱们有什么障碍?

许树强:在治理和变革的过程中,实际上更重要的是充分尊重我们认识的阶段性。十年前在谈医院阶段化建设等一系列观点时,我们已经充分认识到,大医院、中小医院乃至家庭纵向综合问题,可能是我们优化医疗健康产业的过程。我们应该尝试摸着石头过河。我认为纵向联合体建设最起码适合北京的实际情况。

刘玉村：实际上没有什么障碍，主要的问题就是社区需要人，这个人要得到老百姓的信任，充满自信地为老百姓服务，这需要周期。世界上任何一个行业，从训练到成熟期，一般需要一万个小时，我们外科医生也是这样。换算成有效的工作时间，大概是10—15年。作为一个外科医生，从入行这一天，到他很自信地跟病人讲你应该如何，我可以负责任地说，需要10—15年。社区、人才、政府别着急，老百姓也别着急，摸着这批人就行了，将来会有一批人真的深入到老百姓家庭中，能够影响到中国社会的基本层面，能够控制将来的选票，这是最终的问题。

张炜：我们把最后一个问题留给第一排的五位嘉宾。

现场提问：我来自华润医疗，关于民间资本进入医院体系，现在东西部的县级医院差异非常大，民营资本在这块能起到什么作用？同时，对于民营资本进入医院，三位院长有什么意见和建议？谢谢！

刘玉村：我们希望形成真正的竞争局面，如果说在北京有国际资本、有大的财团投入，真的在建高端医院，对我们来说是一件小事。我觉得无论是医疗质量的提升，还是医疗教学水平的提高，都关系到我们作为院长、医生本身应得的尊重，我们应有的抱负都会得到相应的提高。

许树强：华润医疗跟我们签了一个协议，在望京建国际医院，最大的问题到现在也解决不了，即作为非营利性的医院，由谁来牵头？局长鼓励民间资本进入医疗行业。这个模式是什么？怎么让民营资本进来？他也绞尽了脑汁，他策划了与望京国际医院合作的方案,创造了一个模式,建立管理公司,由管理公司来支付所有费用并运营这家医院,当然他是挂名的,这正在探索中。我们也尝试了霍布金斯模式,把一些东西引入到望京和华润从而建立三个国际化的医院,这都在探索中。到现在为止,北京把民营资本引入医改的,过去有北京医学医院。新一轮的医改中,民营资本将以什么样的模式介入还正在探索之中。

王杉:社会资本化方面的第一个问题,2010年国务院58号文、去年北京的18条是已经总结出来的。我从2003年到2005年4月8号,跑了40多个国家,也就是为了一个"准生证",那还都是各级官员信任自己担着风险的。现在只是有准则,至于细则,到各个委办局办理的时候,绝对不是说每个委办局都已经有明确的细则,摆着可以用。现在应该说单独的社会资本可以办,政策方面,你只要有这样基本的社会资源、可以驾驭,不在于批不批得下来,因为一个医院不管是社会资本投入,还是公有资本投入,想要运营正常、资金达到平衡都需要七到十年。谁能对中国医疗市场产生影响?一定是大型的医疗机构出现才会对我们产生影响,小的医院我们连眼睛都不眨一下,因为对我们没有影响。是本身的商业模式决定你能否承担七到十年,至少要有七到十年现金流的维持。

而且一个医院的品牌建设是需要时间的,没有几十年是不行的。其实现在社会资本单独投资,我个人直到今天也认为,不做产业链,单做医院,200张床以上的医院,基本上活不了,盈利能力也不够。美国的盈利性医院低于15%。中国在2009年有一个政策才取消,就是营业税,要不取消肯定是亏。

第二个社会资本化方面的问题是,社会资本怎么能够进入现在的公立医院。比如说融资租赁等,其实世界上真正的机构很少重视装备,都是买服务的。而现在这样的事严格来讲是不允许的,所以我想说的是,所有的问题实际上都是政策问题。看你担不担风险、打不打擦边球,你是做先烈还是做先驱。我觉得目前社会资本是好进入的,但是我的感觉是什么?国外的基本上捏出水来他也不投,为什么?因为他要盈利模式,而且要打破以前的概念,我们这样的医院,政府批,有钱在那放着你用就可以了。国外资本进来,都是把故事讲圆,他去给你融资,这是战略投资和财力投资。在国内,基本上都是想要"中日友好医院"的名,但是不想让它管,却要它的钱,这事永远谈不拢。北京医院投资50个亿,44万平方米,现在进行内部装修,已经是社会资本办医。社会资本办医只能做产业链,单做医院基本上一做就死。

刘玉村:从道德的层面上来讲,无论是什么钱往这个产业里投,你都得抱定一个信念就是做公益事业。如果拿钱投入这个产业是为了盈利,那千万别进入这个行业。老布什住的医院是私立的,老板们投钱不是以盈利为目的的。中东石油大亨住院经常去它那,那些人一住院,多少钱都不是钱。华润医院都做公益,那多好。在座的各位,你可以投资医疗,可以投资设备,但是绝对不能是为了谋取回报。我们北大医院都想放功德箱了,有钱往里放,没钱的你就走吧。钱跟道德比,道德的力量永远是最大的。

张炜:由于时间关系,我们请三位嘉宾接受我们高层管理教育中心整个团队的感谢。

刘学:论坛第二个环节我们邀请来几位嘉宾,第一位是于明德先生,他曾是辽宁省医药管理局的局长、国家医药管理局财务流通司的司长,作为政府官员,在这他还是我们监管机构的发言人。我们请的第二位嘉宾是王晖女士,她是美国联合健康保险公司中国区首席代表。第三位是季序我先生,他是北大生命科学院的博士,现在在证券行业,是瑞银证券董事、医药行业分析师,他从投资者的角度,对医药行业发展面临的挑战、可能的机遇跟大家分享他的看法。最后一位是万宁先生,他是《商业价值》杂志社董事总经理,IDC中国独立顾问,资深媒体人,同时也兼做投资。他将站在媒体的角度来谈谈产业价值再造和对产业价值创新的看法。下面我们有请于明德先生。

于明德:各位同志大家好,我想就这样一个题目和大家交换一些意见,那就是"负责任的战略——医药企业的责任和面临的挑战"。什么是负责任的战略?我们经常讲战略,这次光华提出"负责任",就应该理解为"利国、利民、可持续"。如果有这三条,就可以总结为这个战略是负责任的战略。正在进行中的"十二五"规划和各方面的计划都应该是这种战略。那么为什么说现在的"十二五"规划是一个负责任的战略呢?这是因为我们总结,前30年国民经济高速发展的过程中,成绩非常突出,造就了一个兴旺的中国。但问题也不能忽视,针对突出问题在分析研究它的基础上制定出战略,应该使我们今后的发展可持续,这就是负责任。那我们有什么问题?我想从宏观上说,有两大不可忽视的问题。

第一,中国过去30年的发展,过多地消耗了全球资源。我们的投入和产出与先进国家相比差距甚大。

第二,中国过去30年的发展,过多地加重了我们的环境负担。我们在环境方面所付出的代价,使我们今后的发展不可持续。"资源环境"这四个字就是我们要解决的问题。所以我们制订新的五年计划的时候,中央制定了一个全新的思路,叫"转型升级转变发展方式"。这种思路是从哪来的?是从过去的问题中提炼出来的。要怎么解决？要转变。怎么转变？那就是转型升级转变经济增长方式。比方说，2008年的时候我们国家最大的投资四万亿元，它的投资重点是十大产业，即十大传统产业。钢铁、煤炭、化工等十大传统产业把四万亿元一分了之，抵御了金融危机给我们带来的经济下滑趋势，在当时来讲作用是明显的，但是也是不可持续的。我们在发展中还存在一些突出的问题。2009年，投资四万亿元后，我们的建设项目用掉当年全世界生产的钢的43%；全世界52%的水泥是中国消耗掉的；全世界铁矿石总产量的90%是运往中国的。就能源消耗来讲，我们消耗了全球18.5%的能源总量，但只产出了全球GDP的8%，这是"倍量投入、半量产出"，这是我们的问题，必须在新发展中把它解决掉，这叫负责任，叫可持续。国家提出转型升级发展方式，一个落脚点是由国民经济发展重点十大传统产业转变为七个战略性新兴产业，这"七个"完全不同于"十个"。大家感觉很突然，为什么？就是因为我们过多消耗资源、过重加重环境负担粗放式的发展方式持续不下去了，就这么一个原因。

对我们医药产业来讲，我们按照国家的经济发展思路来调整，对医疗产业的发展规划战略，也有了一个新的认识，在现有发展的基础上，最重要的是：第一，做传统医药产业的升级；第二，追踪世界前沿技术，占领生物医药制高点。如果我们在五年甚至十年的时间内，能够把这两件事做好了，中国医药发展的潜力就不可估量。过去的20年我们的年平均递增速度为20%多一点，这个速度是全球平均年递增速度的近3倍，如果我们把产业升级和占领生物医药制高点作为一个新发展战略树立起来的话，就会有一个新的天地、新的发展空间、新的增长速度。前30年的高速增长会在后30年中再现，这个可持续战略的制定就是这样来的。我们现在也正在实施。

接下来具体说一下我们的产业升级和占领生物医药制高点包含哪些内容。

产业升级有"三升"：

第一升，药品产品标准必须要升。我们的产品标准和欧盟标准、美国标准及日本标准在质量控制点上是有差距的，要向它们看齐。那么有行动吗？有的。国家安全"十二五"规划、药品安全"十二五"规划已经明确列出 6500 个具体产品品种，它们的质量控制标准要提高。再像过去五年十年那样生产药品，在未来五年可能是不合格的，大家要看新药品。

第二升，我们的保障体系要升。所谓保障体系不是产品，是生产产品环境中必要的条款。这个保障体系在中国叫 GMP，在国外叫 CGMP。欧盟、美国和日本的药品生产保障体系跟我们现在实施的保障体系有一些差异，这个差异更多地体现在对安全有效的保障能力上，我们做得还不够。那么我们应该怎么办？要向这三大标准看齐，我们现行的 GMP 体系要和国外最先进的药品生产质量规范看齐，拉平、缩小或弥补与它们之间的差距。让我们所有的生产管理规范都获得全球认可。

第三升，传统产业要升。要采用先进技术改造传统产业，要改变污染必须进行技术创新，我们的一个重要的创新点就是，在我们国家作为化学原料生产大国的现实基础上，更多地采用生物技术，代替一些可以代替的化学反应，这些方面的尝试和成功的例子已经很多了。比方说阿莫西林、青霉素，这些都是我们用生物方法代替原来的化学合成做出来的产品，减少了污染，降低了成本。这些新技术改造传统产业将给我们整个传统产业升级带来一个新面貌，我觉得这"三升"必不可少。

在保障体系方面，我们现在在倡导，希望企业自愿向世界最高水平看齐。据国内的不完全统计，大概有三十七八家企业的药品制剂标准符合美国标准，我们感觉还是少了一点，希望有更多的企业，哪怕未来有一百家企业达到这个标准，让中国生产的药品制剂可以畅行无阻地在国际市场上通行。我们首先希望保障体系和人家一致。根据对现在情况的分析，这个目标应该是非常有希望实现的。什么叫"占领生物医药制高点"？以国家确定的十大病为指标，第一类是基因药，第二类是疾病疫苗等。很多在过去毫无希望的疾病，现在生物技术药将会提供更多办法。企业责任是什么？我不敢说自己能代表企业说话，但是我们是为企业服务的一个部门。我们觉得不断地加强自己的创新体系建设，生产出更多的质优价廉的产品来满足人民的健康需求，这就是我们的责任。刘学院长问我们的挑战是什么，我们的挑战很多也很少。说很多，缺资金、缺人才、缺先进的设备、缺优秀的管理；说很少，就一条，缺一个良好的政策环境。你不给企业输送资金没有问题，中国遍地都是钱，在中国社会，目前钱不是主要问题，人也不是主要问题。我们在20世纪70、80年代送出去大批留学生，现在纷纷回归祖国，人才还是有的，而且并不少，但是我们现在缺什么？缺环境，缺一个非常良好、和风细雨、有利于禾苗健康成长的政策环境。医改所要解决的问题，就是要创造环境，提供服务。医改既不是改药品，也不是改医院本身，最根本的是要改管理医院的一些制度。因为当前缺少良好的政策环境是至关重要的。医改所要解决的问题，第一条就应该是创造一个良好的环境。我们很有信心，谢谢！

刘学："十二五"规划中，要在医药产业的三个方面做重要改变：提高产品标准，升级包装体系，技术改造传统产业。这对在座的各位来说,既会带来机会也会带来威胁。所有升级和改造会带来一个预期,企业成本说不定要提高,药品价格说不定还得涨,我们听听医疗保险公司作为医疗服务付费方是怎么看的,欢迎王晖女士。

王晖:尊敬的各位领导、来宾、同志们,大家下午好!非常感谢北京大学光华管理学院邀请我参加今天的论坛。今天的议题是"有责任的战略和负责任的产业"。作为支付方的代表,我想谈谈我们对责任的理解和认识。

也许在座的各位对美国联合健康集团还有些陌生,这是因为我们行业内总说一句话:医疗卫生是本土化的产业(Healthcare is local)。下面请允许我用简短的几句话介绍一下联合健康集团。联合健康集团成立于20世纪70年代,从一个美国区域性的健康维护组织(HMO)发展为今天全球最大的多元化卫生保健企业,集健康保险福利计划、医疗卫生信息技术和临床管理服务于一身。2012年,联合健康集团在《财富》杂志全美百强企业中排名第22位,全球百强企业中排名第62位。2012年年收入1100亿美元,服务客户超过8000万名,职员超过9万名。其最新的国际业务举措,是2012年10月斥资50亿美元并购了巴西最大的卫生保健企业Amil。

为什么联合健康集团能在短短的30年内发展得如此迅速?企业对责任的承诺和履行是最重要的原因之一。对于联合健康集团来讲,连接客户最重要的情感基础就是信赖,而当今某种非情感的城墙阻碍了这种信赖。企业赢得这种信赖的唯一法门不是空谈,而是要在实际工作中努力践行,履行其责任,这包括商业合同责任和企业社会责任。这就要求企业必须做到:拥有可靠、优秀的执行力;通过创新为消费者及医疗服务供应商谋利;成为消费者和医生获取可信赖信息的资源中心;成为一个简化现代医疗卫生系统的推动者,并在提高医疗卫生服务水平的基础上更好地控制成本。

我们的企业文化建立在一个简约的体制上,它包含信仰、价值和行为方式,这些促使我们着眼于正确的目标。这种企业文化每时每刻都在提醒我们应服务于重要的社会需求,而且针对社会敏感的领域,我们的工作是高度公开的。

联合健康集团有很大一部分业务是与美国政府合作的,为老年人、未成年人和贫困人群提供医疗保险及健康管理服务,类似我国的医保项目。我们必须根据联邦政府或州政府的要求来提供相应的服务,并尊重当地政府的特殊需求。我们必须本着尊重与体恤的原则来服务于这些领域。同时,我们也是积极变革的推动者,即"具有创造性的创新者",这样才可以持续地创造出巨大的价值。联合健康集团清楚地认识到我们在医疗健康领域中正与大家并肩工作,并使之为大众服务。

在整个服务过程中,我们一直本着提供需求的原则。我们常说的一个概念是"以少获多",是让消费者在获得更好的医疗保健服务的同时,尽量地降低成本。作为医疗保健行业的从业者,我们必须了解医疗卫生系统的发展进程,并在此进程中发挥必要及重要的作用。现在越来越多的消费者开始进行保险投资,在医疗保险方面,他们的投资变得更加理性,因此,在医疗健康的决策中,他们扮演的角色也就变得越来越重要。他们需要更加真实有利的信息来做出决策。这些信息可以通过我们传递给消费者,这仅需要通过移动设备上的应用程序即可以实现,而这些应用将会包含与每个消费者相关的保险计划和设计。

医疗保健提供商同样希望得到我们保险企业和消费者所能看到的医疗信息数据。医疗保健提供商得到与他们所提供的价值相当的回报,而更多的回报将基于消费者和保险赞助商们对他们预期绩效的评估。

如今,付费改革的力度已经超过以往任何时候,它要求付费方应该为"改进的医疗保健服务结果"买单而不是单纯为"有偿服务"支出,这对投资、合作、联合、项目试点以及展示产生了前所未有的影响,从而引发医疗保健服务下游的大幅变化。

所以我说:医疗健康产业价值再造是正在进行时。为了使这个再造过程相对顺畅并有效率,需要我们每一个利益相关方制定并履行有责任的战略,因为我们是一个负责任的产业。

刘学:我几乎不买任何保险,但是我买车险。为什么买车险?很简单,就是我的车坏了,换什么零配件、修什么东西、花多少钱我不知道。所以保险公司会极大地降低我的成本:时间成本和效率成本。大家知道在医疗领域里面存在严重的知识和信息不对称现象,什么医疗方案、药品是性价比最高的,现在各位都不知道,因此保险公司要在这个领域里更有效地发挥作用。对政府来说有一个很头疼的问题,知识和信息非对称是正常的,我们通过市场力量平衡来解决,比如,医生利用知识和信息不对称来谋求个人私利,是我们还是政府亲自监管医生行为来解决这个问题?这是一个值得大家关注的问题,在座的各位中商业人士非常多,我们现在请万总给大家介绍一下医疗健康产业的新创新和新尝试。

万宁:很高兴来这里跟大家分享,我现在做的一个杂志还是希望扮演产业观察者的角色。我们的主题是"多元·协力·共赢"。在发达国家,人均医药医疗支出比例高于人均GDP,很难解决如何用更多的社会资源保证每一个基础医疗服务的问题。在论坛开始的时候,张炜教授放了一个录像,说的是人的医疗资源有限的问题,怎么解决这两者的对位差？我们观察了很多案例，这跟提到的环境问题有很大关系。也许我们能看到解决这些问题的曙光。举个例子，就是最初我们和运营商及一些设备供应商投资过一个非常有意思的项目，相信很多人已经接触过这个项目了，即通过一台移动设备去监控每一个患者的心脏状况，当你出现问题的时候，相关医疗机构会给你提供相关的医疗救助，然后你会为这样的一个服务支付费用。中国大概有八千多万心血管病患者，或者是潜在的患者，而且随时在增加。而中国移动及整个电信运营商其实在发展当中越来越多地退居到后面而只卖通道。给这八千人配第二个手机，监测他们的心脏，对中国电信来说是个非常好的项目。这个过程当中我们知道很多医疗急救机构都愿意送病人手机，因为有收益，在这个过程中通过这样一个平台跟病人建立链接。我们分析了三个部分，第四个部分是医院，医院更多的是需要患者，刘院长隐讳地讲每一个医院都需要优质病人，这些潜在的患心脏病的人就是优质病人，这对医院来说也是非常有效的资源。

我们接触了很多医院寻求这样的合作，回答都是"可以"。所有这一方都答"可以"，但为什么这个项目成不了？那就是利益分配问题。第一，国有医院不能在体制外进行分账，任何投资不能从它身上拿走一分钱，你送病人到医院的时候，不能通过你完成这样一个流程就得到收益。第二，我们去向每一个监测服务病患的这群人收费，在座的各位都有父母，最害怕接到父母的电话，他们很少麻烦你，一旦有急事打电话也总是着急的，假如让各位多出100块钱，会有一个平台监测二老，付这样的费用有没有问题？整个连环、闭环形成，所以这个项目失败了。我们看到阜外医院、安贞医院在做手机平台，都被割裂在某一个单独的领域。医院提供在医院内的病人的心脏监控,但只服务于它自己的病患,最后没有形成"多元和共赢"。我特别愿意跟张炜教授讨论"在中国环境下,如何解决社会资源对于医疗服务最大化这样的项目能真正互利共赢"的问题。后期再观察我们也没有看到成功的。

现在有新的医院,包括王杉院长他们都在做尝试,就是医疗康复。我先给大家披露一下这些数据,你们可以做参考。中国每年有800万—900万个需要康复训练的病人。若在发病后的一个月没有进行有效训练,这些人就将长期瘫痪。宣武医院的康复病床加起来有两层楼,费用纳入保险付费,每次治疗费用是180—200元,会有一个康复治疗师帮助治疗。但是由于医院没有更多资金支持,这个康复治疗在医院只属于辅助性的医疗系统,远离高收益部门。这时候有一些社会资金关注这部分,以第三方运营商的角度和这些医院合作,我们很高兴看到这个部分的尖冰已经被打破,卫生部也给了一些政策支持,使得这部分连环开始形成,因为设备可以由社会资金提供,医院只提供病患的治疗,最终完成利益分账,整个商业模式也就完成了。

再往下讲,我们听到最近大家都在谈体检,越来越多的人去医院外体验,这些信息与医院治疗信息没有关系,是另外的社会资本的浪费。我们也访问了医疗体检的人,他们非常迫切地希望把部分连环打开,一个人希望不要建多个医院的病例,希望每一个人都围绕他的"健康"服务。许院长提到以"健康"而不是以"病"作为管理中心的新医改思路,让我们看到了些许的希望,目前有些医院和围绕"健康"服务的机构已经进行了合作。

我简单地总结一下我的观点。我认为,社会信息化环境改善所带来的支持,比如,到目前为止信息技术的渗透,包括云计算、物联网、移动互联网的设备,能够满足我们在共享医疗信息方面的需求。另外就是一个投资通道,让所有连环发挥作用,它们可能在医院外部,围绕一个人的生命健康周期服务产业获得更多的价值增值。

刘学: 刚才万宁先生跟我们分享了一个案例,IT 加速了我们的发展,对整合、融合医疗产业有重要的价值。但是他也告诉我们,一个潜在市场需要时间、需要成本。它首先是作为一个平台,并借助这个平台把医院和移动公司还有急救公司联系在一起。大家可以想象,如果中国 50%的心脏病患者都使用他们投资的这个公司的东西监测心脏,那刘院长、王院长、许院长一定会随着他走。它在利益分享方面会主动去干什么?当然是想办法采取措施,找到更多的、更好的医院合作,比如说王院长、刘院长他们都愿意跟你合作,而患者也更愿意用你的服务和设备,这就是"平台效应"。你下游的客户越多,就越吸引上游的客户。上游的客户越多、力量越强,就越吸引下游的客户。但是要构建这个平台,从谁那里开始?向谁收费?说给谁听?这还有很多需要研究的内容。最后欢迎季序我先生。请他跟我们分享作为投资者对这个产业的看法。

季序我: 谢谢光华管理学院邀请我来跟大家分享一下我的看法。一开始说到这个题目我有一点诧异,因为提到"有责任的战略",还有"有责任的一个产业"。而现在投资者和责任基本上沾不上边。作为一个机构投资人,连自己委托人最基本的责任都没有办法很好地完成,更不用说对社会的责任了。具体从医疗这个行业来看,我简单来谈谈什么是医疗服务这个行业的责任。这个责任就是提供更好的医疗服务,能够有更好、更有效的药品供大家选择,这些药品的价格更便宜、质量更高。

我们粗略地看,这和投资方并没有太多关系,但实际想想,还是有非常大的联系。简单来看,如果我们以资本市场为一个镜子,就会发现在过去的十年里,资本市场实际上起到了一个作用:鼓励更好的企业,鼓励更有创新精神的企业,鼓励具有一些创新模式的企业。实际上我觉得对于投资者来说,这些企业能够成长壮大也算是投资者完成了自己的社会责任。简单来说,就是过去的这十年,医药上市公司出现了一些什么样的变化。我们经常把投资收益分为 α 和 β。从 α 来看,让大家赚到更多钱的是医疗健康产业。有些上市公司上市时市值达 50 亿—100 亿元,现在看可能缩回去了,但是我们看过很多医疗的例子,十年时间扩大了 15 倍,有的甚至达 20 倍。有一家企业叫恒瑞医药,是国内抗肿瘤药品生产的龙头。到 2011 年为止,可以看到其科研的投入占到了它整体销售收入的 9%,远远高于行业平均水平,资本市场怎么回报它?资本市场的回报就是十年时间让它的市值增加了 14 倍。

所以如果从这样的一个角度来看,投资者实际上通过这样一个渠道完成了这样一个自觉的社会责任。作为投资者,我想和大家分享,我们怎么来看过去十年的中国医药行业?中国医药行业是不是有竞争力?如果我们按照当时提出的竞争优势理论来看,十年前中国的医药行业是什么情况?大家知道医药医疗这个行业实际上是一个技术密集、人才密集的行业。那么十年前是什么情况?刚才有一位提问的来宾是生科院的学生,我本身毕业于北大的生科院,比较清楚,十年以前国内的环境对于人才、对于医药方面的研发人才肯定是没有足够吸引力的,否则我也不会误入歧途。市场规模是什么情况?市场规模远小于现在,而且有一点大家需要特别注意,如果我们看一个整体,中国市场的整体规模并不小,但是由于各个地区存在极强的地方保护主义和各种地方法规的限制,中国的药品市场从来都不是完整和统一的市场,而是被割裂得非常厉害。中国医药行业从来不是有充分竞争力的行业,特别是十年以前,中国医药企业的竞争力是非常弱的。而现在再来看的话,应该说这样的情况正在逐渐的改善过程当中。

应该说中国的医药行业吸引的人才比十年以前大大增加了。由于很多地方保护被打破,国家在医保方面加强了投入,中国药品市场有了非常快速的增长,尤其从2007年以后,也就是国家对医保进行大规模投入以后,形成了一些产业集群。比如在江苏无锡,我们看到有很强的、已经初具规模的产业集群。中国企业的竞争力在过去十年间大大增强了。站在现在的这个起点上,投资者能够起什么作用?在国外,实际上有一类投资是社会责任投资,该投资不是完全以资本回报作为投资目标的,但是在中国这种社会资本投资还没有形成气候。我们认为,即使是在这样一个传统投资理念的引导下,投资方或者投资者也还是能够为产业做出很大贡献,进而完成自己的社会承诺的。我举四个例子说明这个问题。

第一个例子,中国原料药品行业的逐渐演化。中国是原料药品大国,大家开玩笑说如果浙江商人不参加、不愿意介入,维生素也好,治疗高血压等药也好,全球任何领域的原料药都没法生产。因为中国企业一度在这个领域里占据了非常强的地位。但是我们可以看到,这样一个地位实际上是以极高的环境成本为代价的。实际上资本市场对此是做出了一定的反应,即国内原料企业没有享受过的一个估值议价。现在看起来这样一个定价应该是比较合理的。如果从产业趋势来看的话,现在东部的这些原料企业应该逐渐感受到很强的环境方面的压力。

第二个例子,对于研发的投入。比如说药品企业,目前它每年的利润增长只有20%,甚至可能更低,但是它仍然享受3倍PE的水平。这代表投资者对于创新研发投入的肯定。

第三个例子,对于新商业模式的看法。中国现在民营资本、社会资本进入医疗服务领域,实际上还没有形成一个非常成熟的盈利模式。比如说考虑到医院是非营利性质的,怎么样创造回报?按照这个逻辑来看,社会资本进入医疗服务领域,肯定是一个必然趋势,我们相信国际先行模式可以慢慢摸索,大家可以看到A股中有很多涉及医疗服务的公司,它们实际上享受了一个很高的估值议价。

第四个例子,想提一下2012年8月份我们开过的一个研讨会,讨论"新的医保形式究竟对中国医药产业产生什么影响"。第一是说医保规模越来越大,话语权越来越强。第二是说医保收支出现了很大的问题,存在支出快速增长,超出收入增长,或者投资增长这样一个趋势。在这样的情况下我们提出了一个观点:高质量仿制药是一个趋势。这样的结论引导我们重点关注和推荐一些国内具有比较好口碑的、具有很强仿制药能力的高质量仿制药企业。投资者通过对技术创新、商业模式创新给予更高的议价,降低它们的融资成本,通过这样的手段实现我们对创新的一种鼓励,最终实现社会责任的完成。这是我站在投资者的角度对这个问题的理解,谢谢大家!

刘学:于会长讲了在医药产业创新等方面做的努力,保险公司还有媒体从不同的角度提出了不同的观点。王婆卖瓜总是讲自己的好,有什么问题,请大家提出。

现场提问:医药问题首先是技术问题,其次是经济问题,最后还是政策问题。我想问于会长,我们下一步的改革您是怎么看的?在政策改革方面下一步政府会有什么样的动作?另一个问题问王晖女士,无论是医保还是商业保险公司,都是希望病人不得病、少得病、不花钱,医保按项目付费,对我们医生来说其实是鼓励他多开药,那么如何让我们医生变成按人头开药?如何推动社区医疗发展,解决全科人员培养以及付费问题?

于明德:这个问题只有相关部门的人士能回答了。

王晖:关于这个问题我的回答是基于"美国模式"而不是"中国模式"。美国在这方面比较超前,在美国,特别对上保公司来说,都是为病人的治疗结果付费。美国早已经开始了种类付费制,联合健康集团在这方面是走在前头的,我们每年花几十亿美元在医疗健康分析方面,拥有 1500 万人群 15 年的记录。每个保险客户都可以进入这个账户,查保险福利,同时看所有医院的排名。对患者是怎么治疗的,这些人是怎么出来的,躺着出来还是走着出来的,一年后回诊有多少,都是基于医疗数据得出来的。

现场提问:于会长您好,我的问题是,在国外轮椅这类用品都纳入到社保或者医保,而我们国家从 2009 年开始在全国部分的省市药店开始刷医保卡,国外是只有在专门的医疗器材机构才可以买,国内是药店卖才能刷,这种政策影响了国内专业化康复器具的发展,您觉得这种市场现状会不会改变?会朝哪个方向走?

于明德:我不太赞成你的想法,现在经营医疗器械的都是经过医疗器械管理条例所授权部门认证的,合法经营没有任何问题,兼营和专营也没有什么矛盾,运营方式自选。刷卡是社会保障部认定的,由销售和刷卡两个部门管。刷不刷医保卡是由社会保障部管,社会保障部另有一套章程,有经营资格的药店可以刷。

现场提问:现在是只有药店可以刷,其他的都不能刷,跟国外相反,我们国家的政策未来会不会跟国外接轨?

于明德:这没有什么可接轨的,授权保障部也可以做,它就是专门的,因为它有许可证、是经过批准的,不存在什么歧视。确定谁可以、谁不可以有一些条件,这些条件是不是科学的还需要研究。

现场提问:责任是一个方面,技术层面的创新也是一个方面,万总讲的智能健康监护系统,我们感觉从逻辑上看比较好,它解决了接受呼叫的问题等。请教几位专家,你们怎么看待这件事?未来怎么研判?

万宁:其实关于这个问题我们也采访了很多医院和院长,每一位院长都认为是非常好的,也希望把这样的系统加载到自己医院里,像王杉院长介绍的人民医院的整个系统里面,将所有患者的病例数据都整合在这个系统里,把医院外部的机构也并进来,是非常好的。外部的这部分数据不能被用来和医院进行某种交易,如刘院长所说。双方中间隔着一块透明的玻璃,谁都知道对方手里的数据有价值,但是不能用它实现某种商业模式,这是由政策的主导造成的。目前在部分环节上,如果全方面打穿这样的玻璃,可以使得社会资源、医疗资源整合完善,可以帮助我们实现更新医疗服务,这解决了张炜教授所说的成本控制问题,从而使得更多的人能够享受医疗服务。我真的特别认同张炜教授说的,可能这是一个巨大的商业机会,但是在这个巨大的商业机会里可能需要一些教育,教育院长、教育政府的一些部门打穿这块玻璃,如果真的打穿了,其实在技术上完全不是问题。

现场提问:刚才万总讲了支付方式要合理,出现不对等的问题,我有个问题想问王总,联合健康集团未来是怎么计划进入中国市场的？希望通过您把国外一些合理的支付方式引入医疗健康产业里面来，可能也会对我们的价值再造起到一些作用。

王晖：应该说我们公司还没有完全制定进入国内市场的战略，为什么？因为两国市场的差别很大。美国的医疗保险领域是开放的，而中国现在是社会主义市场经济体制下的医疗保险市场，两国市场是有差别的。关于国内医改的进程，医改模式到底是要学习美国的、德国的还是英国的，到现在都还没有定论。可能是50%偏向美国模式，50%效仿其他国家的模式。对于我们公司来说，国内市场非常具有吸引力。我们公司做了很多前期的调研工作，研究国内市场环境，跟您一样，我们也一直期待着能走入国内的市场，看能否对支付方式、对我们国家的医疗保障系统做出贡献，谢谢！

刘学：实际上一个产业要产生共鸣，大家清楚地了解对方的需求，这是最基本的第一步，今天，不同产业参与人从自己的角度对自己的行业做了一个陈述，未来我们还有很多很多话题需要进一步考虑。医院院长们平常都给我们诊断身体健不健康，如果让他们对健康产业的健康状况进行诊断，我估计结论未必像院长们自己说的那样好。但是不管怎么样，对话和交流是非常重要的。在对话和交流的过程中我们能够掌握再造产业价值的途径和机会。

张炜：这最后的十分钟让我来跟大家分享一下2012年10月份完成的《全球医疗健康产业管理教育白皮书》。创新恰恰是我们不得已的选择。哈佛商学院以及26家商学院对100名院长和CEO进行了调查：出现频率最高的是创新，其次是领导力，这是全球产业高管需要的，是商学院能够培养出来的。我们看商学院和医学院的课程里面出现得更多的词是健康、政策、系统，全世界产业和医院对管理教育的需要和商学院提供的彼此存在巨大的不匹配性。这个白皮书的主要观点是这样的：在整个创新过程中，流程创新比技术创新更重要。创新能力是可以被后天培养的，大多数人可以通过沟通和参加专业学习网络被培养，这是商学院本身能够提供给大家的。

我们会发现全世界存在这样的特点，现有的基于管理的基本的课程，对现实情景中的产业管理帮助不大，我们这个产业是最复杂的产业，需要关注更多失败的原因，这不仅仅是阐述成功，商学院谈的更多的是成功案例，万宁先生讲可以从更多失败的例子中来学习。培养组织的中间力量，各位老总、CEO希望我们商学院的课程能提供更多细节，CEO认为管理变革的能力比了解医疗政策和法规的能力更为重要，希望培养有管理能力和解决问题的人，而不是一天到晚说医疗健康产业跟别人不一样的人。最后，获得人才是最关键的能力。提高团队的沟通技能，公司需要持续的管理教育，同时要有分析管理的能力。今年上半年结合中国的现实，我们也会发布中国的白皮书。

在此我们呼唤新的英雄，这类英雄除了个别是天生的，更多的是需要商学院培养的。2013年全球仅两家商学院能够开出"医疗高管课程"，一家是哈佛商学院，另一家就是北京大学光华管理学院。再次感谢大家的时间。

《中国健康界》采访刘学、张炜两位教授

刘学：给医院院长们的"好日子"泼泼冷水

"如果医院想在15—20年后的市场竞争中胜出，一方面需要在成本结构方面做出重大创新，另一方面要在客户核心价值的满足方面做出重大突破，只有在这两个方面同时努力，才可能在未来的市

场竞争中,处在金字塔的顶端。"

对于"形势"一片大好的医疗界来说,北京大学光华管理学院副院长刘学的预测可能会让人感到忧虑。

在刘学看来,"现在的医院单纯靠扩大规模,同质化竞争让医院发展得很迅猛,大多数医院院长的日子过得很舒坦,然而,悲观来说,可能再过7—8年,他们就不会那么舒坦了;再过15—16年,他们其中的很多人还会觉得痛苦起来"。

为什么会这么说?刘学解释道:"回顾一下中国彩电及冰箱产业,从1982—1992年,市场需求高速增长,远远大于供给,那时每个企业都顺势发展得非常好。"但1992年后,彩电、冰箱产业市场需求增长速度放缓,行业竞争过于激烈。刘学称,那些没有清晰战略定位的企业最先被淘汰出局。

现在,医疗产业也处于这样"顺风顺水"的时期,刘学表示,医疗需求同样在高速增长阶段,而供给能力不足,特别是被消费者信赖的高质量医疗服务供给不足,使大部分医院并不担心生存问题。

然而,在不久的将来,医疗市场的同质化竞争态势就将十分激烈了,医院必须通过良好的战略定位和模式创新才能胜出。而对国内医院来说,"高均值与低方差"应是最需要追求的目标。

压力从何而来?

在刘学看来,医疗机构的固定成本极其高,即使政府给予很多承诺,当国家经济增长速度放缓时,政府在医疗方面的投资同样也会放缓。

这时,很多医院或许会在扩大规模的过程中,吸收一些实力比较强大的民营资本,通过新的产权制度来提升医疗"供给"能力。然而,这也将给医院带来很多管理方面的挑战。

首先,医院会有来自财务方面的压力。刘学称,"民营资本的参与带来了巨额的投资,而高固定成本则意味着生产能力限制的代价非常高"。

目前,医院之间存在同质化竞争,医院之间在医疗服务质量等方面并未出现显著差异。但在未来竞争极其激烈的形势下,在整个医疗市场,二级医院会最先陷入困境。刘学称,二级医院需要在专科建设上打造自己的核心特色和战略定位,如果不能找到自己的核心特色,没有有效的客户定位,生存就会越来越难。

与此同时,规模非常庞大的三甲医院特色并不鲜明,彼此之间同质化的竞争也将为其带来现金流危机:固定成本方面的分摊及其他方面的成本分摊,会促使医生的价格越来越高,因为医生对医院来说是固定成本;而医疗器械、药品等的价格也会越来越高。

刘学表示,当支付能力的增长速度赶不上费用的增长速度时,医院之间的激烈竞争会让医院院长们的压力剧增。

向企业取经

"如果医院想在15—20年后的市场竞争中胜出,一方面需要在成本结构方面做出重大创新,另一方面要在客户核心价值的满足方面做出重大突破,只有在这两个方面同时努力,才可能在未来的市场竞争中,处在金字塔的顶端。"刘学在总结企业战略与医院战略相通之处时,细心地从办公桌的抽屉里拿出了一支铅笔,为记者画出了如家酒店的发展路径。

"如家酒店是非常好的例子。定位什么样的客户?这类客户最核心的需求是什么?支撑他们需求的最核心的成本结构是什么?"

刘学称,未来医疗市场上,医院的组织管理、运行体系、资源配置方式越没有特色,在同质化的市场竞争中就会越困难。

"2000年以前中国的酒店市场,都是按照政府旅游的评级标准来做,同一个星级的酒店基本配置是一样的。"刘学表示,国家旅游局的酒店评级机构就相当于现在卫生部的地位。

但是,现在看来,那些真正赚钱的酒店却是非常有特色的酒店。在经济型酒店中,如家酒店就创造了一个核心商业模式,并迅速复制,变得越来越强。

刘学解释说,如家酒店之所以能进行商业模式创新,是因为它梳理了自己的定位:客户到底是谁,这些客户最核心、最关键的需要是什么。其实,住经济型酒店的人,最核心、最基本的需求就是用低价格睡好觉。

"用低价格睡好觉需要什么?需要宽大舒适的床,非常卫生,非常安静,除此之外,对于酒店来说,都是奢侈品。"刘学表示,如家酒店的商业模式创新其实就是抓住了客户最核心的需求,舍弃了该舍弃的,比如说大堂很小,节余的空间用来做客房;没有餐厅,取消餐厅场所节余了空间,用来做客房;没有会议室,没有休闲娱乐场所,所有节余下来的空间都用来做客房。它所有的资源得到了最有效的利用,这也为它节约了大量成本。

"国内的医疗机构,所有三甲医院全都一样,科室设计、人员结构、技术条件等,基本上没有太大的区别,现在还好,等再过十年,医院之间的竞争绝对不会像现在这样。"刘学认为,目前医院的战略管理是高度分散的,但分散性的行业中蕴藏着重要的商业机会,关键是能不能在商业模式创新方面做到与众不同,成为这个行业真正的赢家。

对话刘学

"高均值、低方差"应是医院的战略根基

中国健康界：您是战略管理专家，医院战略与企业战略的设计有何不同？

刘学：最根本的不同在于目标不同。企业的战略目标是非常明确的，首先是盈利，其次是组织的持续成长。这两个指标都是可度量的。

但是，医院作为一个非营利机构，在制定战略方针时，不敢说或者不好把利润作为最核心的目标，因为医院还承担着一定的伦理责任，或者说社会责任。

事实上，医院实现利润目标有两个基本途径。一种途径称之为企业的正向创新，就是怎么让医院有效控制成本，利用先进的技术改进医疗质量，提高资源的利用效率；另一种途径，则是利用知识和信息的不对称，利用医生替患者做采购决策的权力来诱使消费者消费，这样不仅能够给医生带来个人利益，同样也能给医院带来利润，但这却是损坏消费者合法利益的反向路径，对此，虽然消费者没有能力做出准确识别，但实际上违背了道德与社会责任。

中国健康界：那么，对于国内医院来说，好的战略定位应该包含哪些内容？

刘学：医院属于服务业，服务业品牌建设的基础就是高质量的服务，通常包含两个方面：高均值与低方差。高均值是什么？比如说协和医院，在疾病治愈率等方面，要明显高于其他医院，同种疾病的死亡率又低于其他的医院。所以在均值水平上要比别人好。

低方差是什么意思？作为一个高水平的医院，到医院里面挂号，不同的医生给出的诊断与治疗服务应该没有很大差别。不能说找到这个医生就享受到好的服务，换到另外一个医生就是天壤之别。

"高均值、低方差"，这不仅是医院战略的根基，更是好医院品牌的基础。要塑造好的医院品牌，首先要能够掌握核心技术，其次就是要有完善的医院服务流程。所以，如果一个医院在整个医疗市场需求处在高速增长的阶段时，能够把医院自身的技术实力与服务规范能力进一步完善起来，形成独特的品牌，那么应对未来医疗市场的激烈竞争时就会有胜算的把握。

医院管理者培训仍然有必要

中国健康界：您如何看待院长职业化？

刘学：中国的医院院长从专业医生中产生，这是有文化基础的，恐怕在未来相当长的一段时间内改不了。所以，对这些医学专业出身的医院院长，怎样培训他们的管理技能、领导技能和变革意识，也是相当长一段时间里要做的事情。

中国健康界：北京大学光华管理学院能对医院院长提供哪些方面的管理培训，能对他们起到怎样的作用？

刘学：我们的训练有两个层面，一个是战略层面的，包括领导力等内容；另一个是医院运营管理层面的，比如说医疗质量管理、供应链管理、IT技术管理等内容。

总之，管理培训是多方面的，还包括对卫生政策、未来走向的预测和解读，以及对未来医疗环境、市场竞争发展变化趋势的分析和判断。最重要的是能够改变他们的观念和意识，让他们能够预见到未来的变化,早做准备,最终适应未来。

张炜:见证中国医院管理者的高速成长

变化中的医院管理者

中国健康界:四场分论坛,但今天医疗健康这一场人数最多。

张炜:是的,我们做了统计,这一场的人甚至超过了金融。我自己的理解是,人们仍愿意把资源放在对自己更有利的未来。大家认同医疗健康对于未来更有利。

中国健康界:今天的院长讨论,您的感觉有何不同?

张炜:开放。今天我最钦佩的是大家的真诚,而这种真诚首先来自对未来的情感。你会感觉到,在医疗健康领域,创新的气候和大家对于创新的期望已经可以展望了。如果将今天三位院长的发言掐出一段去给我的学生放,我估计他们猜不出他们是医院院长,他们会猜这些人就是企业高管。医院院长们那种和其他行业相似的领导者的感觉已经存在了。

中国健康界:这种感觉以前有过吗?

张炜:这种感觉是第一次出现。今天的院长不谈技术、不谈研究、不谈教授,而是在谈创新,谈质量管理、模式创新、人才建设,谈以人为本。如果我们不考虑大家谈论时的语言,你会分不出这个会是在北京开的,还是在华盛顿、伦敦、巴黎开的。

中国健康界:那么,今天这种变化是哪些因素带来的?

张炜:一方面是专业的教育,今天参与讨论的三位院长都受过商学院的历练教育。我想,接受管理教育对于他们的思维感觉,以及在实践中不断反思是有帮助的。另一方面是在最近三四年的医改进程中,中国医院院长们的感受很深,因为他们受到的挫折最多,而这种挫折和管理教育结合在一起,就是一个很好的案例教学反思,他们会从中进行更好的总结,因为只有经历过才有感触。

我们都讲,创新是迫不得已的选择,但创新必定需要环境支持。而且,很重要的一点是,从失败中学到的东西会比从成功中学到的多。经过这几年的挫折,医院领导们对组织、对领导、对整个医院运营,包括对整个管理创新一定是有所感悟的。

很多医疗领域的问题是通病,全世界都是这样。以前大家认为很多问题是中国特有的,但现在很多人意识到,既然是全球通用问题,那我就不再关注中国的特殊问题,而是去关注,什么解决方案是我们可以特有的。这种积极的态度是一个很大的改变。我们要的是中国特色的解决方案,这一点也是从挫折中学来的。

医生也要掌控自己的命运

中国健康界:在这里,医改的作用是什么?

张炜:医改是一个刺激,就像给了一个电击一样,逼着你不得不做出选择。全世界各地都是这样。今天,我碰到一位年轻医生的父亲,我问他为什么来参与这个活动,他说他是来为儿子做全程记录的。我想,未来医改成功的标志就是医生主动要求接受管理教育。医生要自己来掌握控制自己的命运。

中国健康界:从微博上观察到的趋势来看,医生们解放自我的愿望越来越强烈了。

张炜:医生们以前只了解自己的临床知识。现在他们以积极的态度面对这个世界,用自己的挫折和朋友的挫折来获得所谓"管理常识"。并且医生们现在感受到,经济和政策分析了解了解就好,关键是我们能做点什么,或者我们的团队能做点什么。这是正能量的最好体现。以前怨天怨地,现在是我做我的"救世主"。随着医生群体意识的转变,他们接下来就会希望了解一些管理的基本技能,包括团队能力的建设。在这方面,商学院的确可以发挥传统医学院不能发挥的作用。

中国健康界:从医院管理者以及医生群体的变化来看,您觉得这几年的医改对他们是正向刺激还是反向刺激?

张炜:这就像小孩成长一样,不摔跤是学不会走路的。《全球医疗健康产业管理教育白皮书》里有一条也是关于医生角色转换的。传统上,医生只是单纯承担临床风险的职业人,但现在,他们要变成承担职业风险、财务风险和新媒体风险的人,这一系列转变在中国都发生在一代医生身上。这就意味着,在这代医生经过变化以后,未来的医生将不再认为自己是一个手术家,而会认为自己是一群病人的管理者,是在病人和医疗服务之间进行对接的协调人。随着大家对系统认识的改变,最后发生改变的是医生本身的角色。

中国健康界:关于医生的这种职业转变,最近有一个很好的案例,是原上海东方医院血管外科主任张强,从东方医院辞职,签约了上海沃德医疗中心。他同时还可以组建其他医疗团队。他本人目前也在接受MBA培训。

张炜:是的,这个趋势和国际高度一致。医疗机构未来会更像零售业,像一个大卖场,而医生会更像一个咨询师、律师、会计师,而不是一个吃皇粮的医生。

医疗健康处在十字路口

中国健康界：除了创新，今天论坛的主题还十分强调医疗健康产业的"价值再造"。

张炜：是的，对医疗健康产业来说，有一些基本的规律还是要遵从的：其一，资源是有限的，钱就这么多；其二，公众的需求在不断演变；其三，技术的革新和一些投资者、创业者在不断努力减少资源和需求的差异。我今天给大家展示了一张PPT，其中所有国家的人均GDP增长都赶不上医疗支出的增长。这是很可怕的现象，不是说花多少钱，是你未来花多少钱都不够。这是在提醒大家，如果仅仅投入钱，你只是想对了问题的一半。所以要更多地从需求和管理模式入手，而不是单纯地投钱。所以，关键还是在于价值，要考虑我的工作、产品、服务是不是物有所值。

中国健康界：今天会上另外一个挺大的转变是，在说到民营资本的时候，公立医院的院长们也持非常开放的态度。

张炜：是的，目前的趋势很像当年的国企改革，积极的竞争态势渐渐出来了。另外，从这次论坛上产业界、投资界会议嘉宾的演讲还能看出，公众的医疗需求并不是都需要通过医院来满足。实际上，大医院、大教授、大设备的模式属于20世纪。现在，不同的医疗机构，或者说不同的人都在考虑不同的医疗模式。今天我们听到的模式很多，恰恰说明医疗健康产业正处在十字路口，谁也不知道下一步该往哪走。当我们不知道产业往哪走的时候，最需要的是你的创意、创新能力和执行能力，最不需要的是坚信沿着老路还能继续走下去。昨天是昨天，明天是明天。

中国健康界：所以说，其实医疗健康的创新，不应该仅仅局限在医院和医改政策,还应该看到技术和模式的创新对医疗的影响?

张炜:是的。为什么 GDP 的增长赶不上医疗支出的增长,因为在过去的半个世纪里,全世界都在采用越来越贵的医疗技术,大家认为最贵的才是更好的。但是,这种现象只发生在医疗行业和国防行业,其他行业都不是这样的。所以,我们一定要开始用更便宜的费用得到同样的结果。这样的解决方案、这样的创新才更有价值。

改善医疗体验就是创造价值

中国健康界:如何理解创造价值?

张炜:首先要定义自己的价值。举一个最简单的例子,如果一个 45 岁的人需要做心脏搭桥手术,有的医院三万块钱可以做下来,有的医院两万块钱可以做下来,手术结果是一样的,两万块钱做一个就是有价值的;或者,同样打一针,都是 20 元,但一个医院有很好的服务,另一个医院让人很愤怒,还需要等候,或者还要担心是不是打错了,那么前一个医院就是有价值的。

以前,当医疗资源十分紧缺的时候,大家更多的是在制造产品,但随着中国的医生相对多起来,现在要做的是怎样创造出来好的就医体验。好的满意度会有好的健康结果,这就好比安慰剂效益。同样,一个咖啡豆是两分钱,做成速溶咖啡是一毛二,放到麦当劳做成咖啡再加上服务是一块二,到了星巴克就变成三块。这就是从产品到服务到体验的变化。同样,好的就医体验也会创造价值。

中国健康界:关于创造良好的就医体验,目前医院管理者在这方面的兴趣如何?

张炜:2012 年 12 月我们在杭州开了一门课,大概用了一个多小时做练习,让大家构建一个良好的 CT 检查的体验。班上 40 个学员包括院长们创意无限,他们突然发现,病房里的电视以前只能用来看电视,但实际上它可以变成非常有意义的服务接触点。CT 体检员可以通过电视提前告知患者,这就是改善体验的一种方法。所以说,在改善服务体验方面,医院管理者一旦有动力,都会有很多的创意。

那次课也是我的一次尝试,虽然是新题目,但学员们给我打了满分。我为什么有勇气敢冒险讲新题目,因为我觉得这是市场需要。如果我认为服务体验是重要的,那我就要在公众中将这个理念传出去,结果惊人得好。大家的想法真的就像是在一个水壶中开一个小孔,水哗哗地就出来了,那真是十分美好的体验。

从控制到创新

中国健康界:您今天一直在讲创新,那么以前呢?比如三年前,您讲课的关键词是什么?

张炜:控制。非常简单。

中国健康界:是指组织内部的控制吗?

张炜:不仅仅是组织内部,以前整个思路都是关于如何控制,以及如何摆脱上面对我的控制。医院管理者的关注点以前是理解经济政策,然后慢慢到理解财务上的控制,现在关注的是精益管理、体验、创新、文化、带领高效的团队。他们现在要的是创新和领导力,这种进步速度是惊人的。换句话说,大家希望用新的方式创造出新的价值,同时用领导力带领大家一起去做。从以前控制、推着大家去做,变成带领大家去做。

中国健康界:这种从控制到创新的转变,其他行业的管理中也存在,但其他行业可能经历了几十年才有这种转换,而中国医疗行业的变化就发生在短短的几年间。

张炜：这就是为什么我将医改叫做刺激，这个外部刺激加快了转变过程。

中国健康界：但还是有人会说，也许医院管理者本人对创新感兴趣，但现在的大型公立医院还是没有动力去改变自己的组织模式和服务体验。

张炜：这会是一个渐进的过程，你看今天很多大医院在主动和社区做联合，这在以前是难以想象的。还有，三年前，你难以想象一个大医院的院长会讲"以人为本、共筑健康"，讲"从以疾病为导向转向以人为导向"。实际上，大医院的竞争优势是治大病、治难病，这是它的传统，但今天它自己正在悄悄地主动发生变化。

中国健康界：您的课程主题是创新，那么讲课的形式呢，有什么创新之处？

张炜：我们让大家大量做小组练习，做分享，然后互相提醒指正。课堂上不是教技术，而是教你在实际生活中怎么解决问题。上次课上，有一些来自西南地区不发达医院的管理者，有一位学员跟我说的一句话让我感触特深。他说："谢谢张老师的课，您让我们意识到，我们的摸索原来是在正确的路上。"他来自贵州的一家医院，他的很多管理探索是完全自发的，上了我的课之后，他突然意识到他在不经意间走上了正确的路。

中国健康界：和大医院的院长相比，中小医院院长的需求会有哪些不同？

张炜：他们的任务是不同的，因为管理五千人的组织跟管理一万人的组织是很不一样的。我们目前主要关注的一是三级大医院，这方面已经有很成熟的课程；二是第一次走上领导岗位的临床人才,就是第一次不当医生、开始当个小管理者的人,那种转型的痛苦真是难以言说,这方面的课程我们现在刚刚设计完成。

创新医疗管理课程

中国健康界:和其他管理学院相比,光华在医疗课程的提供方面,最大的特点是什么?

张炜:第一,我们的医疗管理课程推出十年了,这方面的经验应该是全国最丰富的商学院之一。第二,我们有非常好的依托——北京大学的研究基础,这也是大学的优势。你想学历史、学哲学我都可以给你找到。第三,从一开始,我们就和六个医学院合作,也参与哈佛商学院的一些活动,一开始的起点就是国际水准,我们希望以国际水准的课程,激发出中国特色的解决方案和思考。第四,我自己,应该是全球为数不多医生出身的管理学教授,我认为这也是一个优势。

中国健康界:丰富的医学背景对一个医疗管理学教授来说意味着什么?

张炜:实际上,首先我自己要克服医学背景,这里有一个极其痛苦的思维转变的过程。医生的思维和管理者的思维是完全不一样的。但是,一旦经过了这个痛苦的转型阶段以后,医生的背景让我和院长们更容易产生共鸣。

中国健康界:您给医院管理者讲授课程也有六七年了,这六七年最大的体会是什么?

张炜:我觉得,是中国院长的高速成长成就了我们的很多课程。同样的内容无论谁讲七年都会烦,但中国的医院院长们在不断成长,不断用新的问题挑战我们,我们大家是共同成长的。我从课堂中能有很大的收获,同时又把这种收获与很多人分享,这是我工作中最幸福的事。

嘉宾介绍

刘玉村 北京大学第一医院院长

现任北京大学第一医院院长兼大外科主任、全国医院感染控制标准专业委员会主任委员、全国医疗机构管理标准委员会委员、教育部教学指导委员会临床教学专业委员会副主任、中华医学会外科学分会外科感染与重症医学学组副组长、中华普通外科杂志副主编、中华医学杂志审稿专家、中华肝胆外科杂志编委、中华消化外科杂志编委、中华医学教育杂志副总编辑、中华临床医师杂志副总编辑、中国高等医学教育杂志副主编、中国医师协会理事、北京医院协会副会长、北京医学会副会长。曾获2005年中国十大教育英才、2008年政府特殊津贴等荣誉。

王杉 北京大学人民医院院长

1983年毕业于北京医科大学医学系,1992年获北京医科大学博士学位。现任北京大学人民医院院长、胃肠外科

(外二科)副主任、主任医师、硕士生导师、博士生副导师。曾以访问学者、博士后身份赴美国得克萨斯大学医学院深造。

许树强　卫生部中日友好医院院长

医学硕士,法学博士,经济学博士后,教授,主任医师。现任卫生部中日友好医院院长兼党委副书记、中日友好临床研究所所长,兼任中华全国青年联合会常务委员、中央国家机关青联常务委员、中华中医药学会常务理事、中国老年保健医学研究会常务理事、中国中西医结合学会理事、中国卫生法学会理事、中华医院管理学会理事、全国医院经济管理委员会常务委员、全国医院自律与维权委员会委员、全国卫生产业企业协会理事。

于明德　中国医药企业管理协会会长

中国医药企业家协会会长。长期从事药品生产、流通管理工作。曾任辽宁省阜新制药厂、中药厂技术科长、厂长,阜新市医药总公司总经理,阜新市医药管理局局长,辽宁省医药管理局副局长、局长,国家医药管理局财务与流通司司长,国家经济贸易委员会医药司司长、经济运行局副局长,国家发展和改革委员会经济运行局副局长。现任北京医药集团公司名誉董事长,《医药经济报》首席专家,国家发展和改革委员会生物医药专家委员会副主任,国家科技部国家重大专项专家委员会专家。

王晖 美国联合健康保险公司中国区首席代表

于2007年12月加入美国联合健康保险公司北京代表处,全权负责代表处在中国的各方面联络和市场调研工作,以及代表处的日常管理和集团在中国发展战略的规划与准备工作。拥有美国西雅图城市大学工商管理专业硕士学位。

万宁 商业价值杂志社总经理

负责商业价值杂志社的整体运营。2007—2009年任北京大学光华管理学院MBA导师。曾任IDC(国际数据公司)中国区副总裁,IDC中国的创办人之一,中国商业和IT市场资深分析专家。主要研究领域包括互联网与电子商务、网络与通信、软件与IT服务、渠道运营等。

季序我 北京大学生命科学学院博士,瑞银证券医药行业分析师、董事

季博士对多家国内外医药企业进行过深入调研,对医药行业的发展环境、企业的成长脉络有深刻理解,熟悉医药企业的资本路径。作为分析师,他曾多次于"水晶球"、"新财富"等分析师评比中

获奖。季博士现为中国医药企业管理协会外聘专家,贵州省"十二五"规划外聘专家。

张炜 北京大学光华管理学院副教授、院长助理

美国哈佛大学博士,北京协和医学院临床医学博士。曾在中欧国际工商学院任长期管理教授,并创建中欧医疗管理研究中心,曾在美国兰德智库兼任资深研究学者。研究成果发表于 JHE、HSR 等国际一流学术刊物。有丰富的公司高管培训和咨询经验,曾为 IBM、雀巢、强生、诺华等多家全球公司提供服务,并曾执教于哈佛商学院、伦敦商学院、INSEAD 等多家国际商学院,同时担任中信产业基金等多家投资机构顾问。主要研究领域为新兴市场的商业模式创新、非市场策略、医疗服务的组织与创新、医疗决策与行为。在北京大学光华管理学院高层管理教育中心负责国际课程。

分论坛三总结

由北京大学光华管理学院高层管理教育中心承办的"社会责任：医疗健康产业价值再造"分论坛中，来自中国领军医疗机构、投资界、全球最大的医疗保险公司、企业界等的众多嘉宾就"责任·治理·变革"和"多元·协力·共赢"的话题与大家一同对话，分享了他们的思考与经验。

中国领军医疗机构院长齐分享、共对话

随着医疗卫生体制改革的逐步推进，公立医院是医改的重点，更是全产业的核心。中国的医院领导者在现有的制度和环境下积极探索符合中国特点的医疗管理创新、医院治理模式和员工激励方式。在资源有限和政策调整过程中不断创新，既满足社会健康的需要，同时又满足医生职业的需求。在开幕词中，北京大学光华管理学院副院长、高层管理教育中心主任刘学教授称，离开价值创造，单纯地去讲价值分配，那是竭泽而渔、无源之水，长久的利益一定无法维持。面临医疗体系的各种问题，我们既要关注价值的创造，又要

关注价值的分享。希望通过有效的对话,重构产业利益相关者之间的关系,共建一个和谐共赢的产业生态。

第一个专场讨论中,嘉宾们就管理创新与医疗质量提升、社会责任与医院治理、以人为本、共铸健康的话题进行了各自观点的分享。北京大学第一医院院长刘玉村首先表示:我们现在的很多问题是由于历史的积累形成的,从而使得变革非常艰巨,同时当我们将来做新的创新的时候必须要遵循基本规律,第一步要做对。作为本场分论坛的主持人,北京大学光华管理学院院长助理张炜教授认为:为了鼓励价值的创新,系统设计和新的战略思维中第一步要做对是十分重要的。的确,在当前复杂且不确定的环境中,医院管理者更需要担当。顶层设计固然重要,同样重要的是不断通过管理实践来摸索新的创新模式。北京大学人民医院院长王杉表示,技术的力量和人的力量要通过流程管理才能够发挥出来。"战略思维必须要有经济运营来支持。"随后,卫生部中日友好医院院长许树强详细解读了探索新的医疗模式并且用中国实践来阐述这种新的实践在中国生根发芽的过程。其中他谈到分级诊疗、合理分流叫好不叫座的现象,从以人为本的角度来理解这种现象会有新的感悟:人们对健康的需求越来越强烈,对医院的期望不仅仅是治病救人,而是希望得到更全面的健康管理和服务,因此,医院的边界和职能及内涵都要发生改变。大家普遍的共识是:落实胜过一切空谈的战略。

之后的讨论中几位院长就社会资本、医生自由执业、医院人力资源进行了坦诚而热烈的讨论。值得一提的是这三位院长都曾在一流商学院接受过管理教育,其中两位也是北大光华医院院长课程的校友。三位院长经受过系统的管理教育后,能够更多地从一个组织领导者的视角和应用管理语言来阐述医疗的发展,相信这也是管理教育对医改的一个直接贡献。

产业各方共聚一堂、融汇思想

第二个专场讨论中的嘉宾们从有责任的战略与负责任的产业、监管的演变与公众健康需求以及中国企业如何走向世界、造福中国等一系列问题进行了深入探讨。在此过程中,产业链各方之间与产业监管和公众之间相互依存并通过相互合作达到共同多赢。

本场主持人刘学教授开场即表示,作为一个复杂的系统,价值链各方的关系非常复杂,如何协力共同完成价值创造是至关重要的。中国医药企业管理协会、中国医药企业家协会会长于明德称,目前医药企业要做两件重要的事:一是传统医药产业的升级;二是追踪世界前沿技术,占领生物医药制高点。此外,抓住机会振兴产业,利用我们的基础做出好药,同时各个政策也要一致鼓励创新而不是设立壁垒也很重要。全球最大的医疗保险公司——美国联合健康保险公司中国区首席代表王晖继而谈到,中国的医疗保险市场刚刚起步,国际最佳实践与中国市场相结合,从而创造出适合中国的创新模式仍然任重道远。商业价值杂志社董事总经理万宁从创业和消费者的角度出发,讲到目前仍有大量的需求没有被满足,在现有的体系中和体系周围对创业者来讲仍存在着很多机会。"一个潜在的市场需要时间,需要成本。"刘学教授随即总结,"作为一个平台,借助这个平台把医院和移动公司还有急救公司联系在一起,在利益方分享方面主动去采取措施。如果能够找到更多更好的医院合作,下边的这些患者就更愿意用其服务和设备,这就是'平台效应'"。瑞银证券董事季序我表示,中国的企业在逐渐变得强大,并且医疗健康产业是过去十几年中国股票市场上回报最高的产业。不难看出中国医药企业在过去二十年中正在成为具有全球地位的企业,并且在中国的投资市场上医疗健康板块是回报最高的板块。在之后的讨论中,大家分别从各自的角度进行了阐述,增进了各方的了解。

论坛最后由张炜教授跟大家分享了他本人参与编写的《全球医疗健康产业管理教育白皮书》。他谈到,对全球26家教育机构和近百名医疗健康产业高管的调查显示,出现频率最高的第一是创新,第二是领导力。领导力恰恰是全球产业高管需要的、商学院能够培养出来的。同时,商学院和医学院目前课程里出现更多的词是健康、政策、系统,可以看出全世界产业和医院对管理教育的需要和商学院提供的管理教育彼此间的不匹配。关于课程创新的主要观点是,流程创新比技术创新更为重要。而项目的创新能力是可以培养的;案例教学等参与式教学将逐渐成为高管教育的主流;在医疗健康这个复杂的产业中,课程需要更多关注许多案例失败的原因,而不仅仅是阐述成功。未来跨专业的课程创新将聚焦于以下几个维度:全球视野、职业沿革、客户中心、系统思考、行为改变、精益运营。

社会责任呼唤新的政策,更呼唤管理与创新的能力,价值共享是权力,但也蕴含着各方义务。医疗是每个社会都不可忽视的核心问题,而医疗费用的增幅远高于经济增长速度已经是世界各国普遍面临的情况。本次论坛中大家普遍认为,解决医疗健康产业问题有两个主要的维度:一是政策创新,即如何平衡政府与市场的关系,完善激励与控制制度;二是管理创新,即在不增加成本的情况下以新的模式来满足个体和社会的健康需求。本次论坛,是在医疗健康产业全球转型的前夜,在全球大潮和中国产业变革之时,与各位业界嘉宾共同开启的思想碰撞之旅。

分论坛四

社会责任:金融业的普惠服务转型

时间:2013 年 1 月 6 日 13:30—17:00
地点:北京大学光华管理学院 1 号楼 101 室
主持人:江明华,北京大学光华管理学院教授、EMBA 中心执行主任

全球经济尚未真正摆脱危机,金融改革正在拨开层层迷雾,社会责任逐渐成为企业全球化进程中无法回避的使命。但是,企业的社会责任不是空泛的"道德说教",作为全球经济危机的"肇事者",金融业如何更好地承担社会责任,主要体现在真正回归金融业的本质,这是各国金融业共同面临的问题。

在中国,随着经济转型的不断深化,中小微企业的繁荣和健康发展,越来越成为经济持续增长的主要推动力。金融业如何为经济转型服务,特别是如何进行机构创新,推进小微金融的发展?如何构建中小微企业与新型金融机构共同繁荣的创新发展机制?如何引导小额贷款公司等各类新型金融机构有效运营和投融资理念创新?这些都是需要我们认真思考和回答的问题。

主题演讲一
——金融企业的社会责任与普惠金融

曹凤岐

曹凤岐 北京大学光华管理学院教授、北京大学金融与证券研究中心主任

博士生导师,教育部社会科学委员会委员,中国金融学会常务理事,北京市金融学会副会长。曾任北京大学光华管理学院副院长、学术委员会主任,国务院学科评议组成员。中华人民共和国政府特殊津贴享受者。是最早提出在中国进行产权制度改革、推行股份制、建立现代企业制度的学者之一,曾参与《中华人民共和国证券法》和《中华人民共和国证券投资基金法》的起草工作,主持过多项国家和教育部重点、重大科研项目。

一、什么是金融企业的社会责任？

平安集团董事长马明哲先生有一句话说得非常好：企业生于社会、长于社会，不仅作为创造利润的集体存在，还兼顾着各种赚钱以外的责任，即对国家的责任、对社会的责任、对人民的责任。一个企业无论大小，只有当它把自己的生存与发展和国家、社会民生的生存与发展联系在一起时，才能走得稳、走得远。应该说马先生的这段话说得非常好，一个企业应当为社会做出贡献。我们的一些企业在承担社会责任方面确实做了非常多的工作，做了很多社会公益工作，比如抗震救灾、捐款、扶贫、扶持困难学生等。这些企业厚德载物，以信用为第一，取得了社会的信任。

究竟怎么理解企业的社会责任呢？是不是马先生所说的就是社会责任呢？能不能更广义一点呢？这是我们要探讨的问题。社会责任是不是不赚钱了呢？马先生说了，除了赚钱之外，我们还有其他责任。我想应当更广义地来理解企业的社会责任。

第一，对企业来说，赚钱也是一种社会责任。企业只有赚钱才有经济效益，有经济效益才能有社会效益，赚钱也就是说你能经营得好、管理得好。所以说，如果企业能够更好地为社会服务，那么就应该更好地去赚钱，因为你是企业，而不是一个完全的公益机构。你只有赚更多的钱，才能去抗震救灾，才能去扶贫。当然，你赚钱不要完全拿到自己的腰包里，那就不是社会责任了。你赚钱了，也就是你取得了很好的经济效益，你本身就承担了社会责任的一部分，也就是为社会做出了贡献。

第二，对企业来说，能够提供更好的产品，为社会、为客户提供优良的服务,企业不仅获得良好的经济效益,也获得良好的社会效益,是不是也尽到了企业的社会责任?你为社会提供很好的产品,为客户提供优良的服务,也就尽了社会责任。

第三,我们讲到金融企业,包括银行、证券、保险、信托业等,当然信托业也包括基金了,私募、公募,还包括阳光私募等。如果能够更好地为实体经济服务,支持和促进经济与企业的发展,就意味着金融企业尽到了它的社会责任。比如说更多地为中小微企业提供服务,包括直接的贷款服务、担保服务等,应该说是对社会的贡献、对实体经济的贡献、对实体企业尤其是中小微企业的贡献。

第四,银行现在要开展更多的个人业务、私人银行业务、零售业务,对我们的个人提供更多的服务,这也尽到了社会责任。让客户感到温暖、惬意、舒服、幸福,能够为他们提供更好的服务,从这一点来说,也是一种社会责任。这一点我稍微展开一些说,现在我们改革开放三十多年,我们的社会财富积累了很多,包括我们个人的财富,我们的储蓄存款已经达到三十多万亿元了。在改革开放初期,全国的储蓄存款是多少?110亿元,现在是三十多万亿元,还不包括手持现金和其他的金融资产。这些资产需要管理,需要理财,但是,储蓄存款是负利率,买股票都赔在里面了。能不能为他们提供全方位的服务?为他们提供投资理财服务,不是很好吗?就我本人来说,我的钱不是很多,当时说在银行开一个金卡需要存30万元,说可以提供优质服务。结果呢?我确实是存了30万元,但是没有得到任何优质服务。开始说,如果买国债,可以给你预留点,这就是一种优质服务了。结果后来说不行,别人有意见,凭什么给你留?我说那能不能帮我理理财?银行问怎么帮你理?你看大家都忙得要命。这叫什么金卡客户?你看看汇丰,看看花旗,它们的个人业务、私人业务,它们的贵宾服务。它们的服务可以说是全方位的。从你到加勒比海钓鱼,到悉尼歌剧院看歌剧,都可以给你安排全程,可以让你这部分资金买保险、那部分资金去投资。尤其是小散客户,我说的是还有点钱的小散客户,他们也需要理财。但是谁为他们服务呢?如果把这些都做好了,不也是为老百姓、为社会做贡献吗?

第五,从企业的产品业务创新来看,如果我们能够做得更好,那也是为社会提供更多的服务,也就是为社会做出更大的贡献。比如银行、保险机构包括券商,为投资者创造出更多的投资产品,这些产品能够使得老百姓投资理财更加方便,使得中小企业获得更多的利益。从这一点来说,也是对社会做了贡献。比如说保险业,完全可以设计出一些适合当前社会保险体系的保险产品,对当前社会保险体系的建立起一些辅助作用。

我们这几年的保险业发展得很快,但是,你们去看,都是"投资＋保险"。有个老头到银行柜台取存款,工作人员(实际上是保险公司在银行的代表)向他推荐一种产品,说比存款利息高,还能对你进行人身保障。老头买了,回家以后跟老伴儿一说,老伴说这不是存款,这是保险,我们不需要那么做,而且保险利息没有多少。于是老头到银行退掉,银行不给退,说合同上写的不能退,你已经签了合同了,不能退。老头说不是存款可以退吗?银行说这不是存款,这是理财产品。老百姓不懂。你这样怎么能为社会大众服务呢?

所以,我说社会责任不仅仅是你去捐款、去救灾、去救助学生,而是你的企业本身就承担着为社会服务的责任,这就是你的社会责任,这是我所理解的社会责任。

二、什么是普惠金融？

普惠金融，也称包容性金融，其核心是有效、全方位地为社会所有阶层和群体提供金融服务，尤其是为那些被传统金融忽视的农村地区、城乡贫困群体、中小微企业提供金融服务。普惠金融为社会群体提供了一种与其他客户平等享受金融服务的选择，能够有效地帮助贫困群体脱贫。普惠金融是构建和谐社会的重要动力，在构建和谐社会的时候，没有普惠金融是不可以的。也就是说，只有一部分企业、一部分人享受到金融服务，而更多人享受不到是不可以的。所以，我们实施普惠金融，也就是实施了我们的社会责任。普惠金融本身就是一种社会责任。

普惠金融包括的面很广，主要是中小微企业、农村金融，还有个人金融服务。因为时间关系，我这里主要谈一谈如何通过普惠金融更好地为中小微企业提供金融服务。

我国的中小微企业有4000多万家，其中在工商局注册的有1200多万家。4000多万家中，有一些是没注册的农村的个体户等，其中957万是民营企业，民营企业90%以上都是小微企业。可见民营小微企业已经构成了现阶段我国中小企业最主要的组成部分。有学者将我国中小微企业在国民经济中的地位概括为"五六七八九"，"五"是指中小企业的税收贡献占整个税收的50%，"六"是指占GDP的60%，"七"是指占进出口的70%，"八"是指承担就业的80%，"九"是指数量上占整个企业数量的99%。

这么多中小微企业、民营企业，它们很难得到比较公平、公正和完善的金融服务。大家知道，2011年是实体经济最为艰难的一年，关门倒闭的企业数以千计、数以万计,浙江、广东、江苏等多个省份出现了多起企业主因高利贷而跑路、失踪和自杀的事件。2012年有所好转,一个不可忽视的事实是什么呢？一方面,广大中小企业贷款难、贷款贵,实体工业企业利润一再降低,步履艰难,很多中小企业挣扎在高原料成本、高劳动力成本、高资金成本的生死线上,嗷嗷待哺。另一方面,银行利润暴增,有的银行行长说我们银行利润多得都不好意思说了。那么,这里面就有一个问题,99%的中小企业创造了"五六七八九",但是却得不到完善的金融服务。能说我们金融企业尽到了社会责任吗？

从中国目前的情况看,下一步中国的经济发展,中小微企业、民营企业要起非常大的作用。所以,要为它们提供更多的金融服务。这就叫普惠金融。刚才说银行利润多得不好意思说了,银行成了暴利行业了,除了石油就是银行了,那么,银行的利润是怎么来的呢？银行利润主要来源于紧缺溢价与风险溢价,而非银行经营能力的提高。而且现在虽然利率有限制,但是它们用理财产品把你的钱拿去了,它们还是以高价、高利把钱放出去了。利息绝对不是6.5%了。与此同时,中国的实体经济软了许多,金融业和实体经济盈利水平的巨大差异,诱使民间资金不断弃"实"投"虚"。而民间金融就出现了高利贷。为什么会出现高利贷？如果利率全放开了,资金的分配公平合理,在任何渠道都可以得到资金,按照资金率的投资价格利率不会高。但是中小微企业在需要资金时却无法从正常渠道得到资金,利率肯定就高了。所以,在温州、在鄂尔多斯谁都能放贷款。这种情况下就出现了非常多的问题。

社会资金紧张和银行业暴利,也使得资金雄厚的垄断国企、某些"三高"超募发行的上市公司,通过企业—银行—企业的转贷方式或者其他方式,向中小企业和个人放贷,这里面蕴含着巨大的金融风险,问题已经到了非常严峻的地步。包括大家现在提的影子银行,风险怎么样?谁都说不清。到底有多少资金?也说不清。

三、如何实施普惠金融?

新时期我国银行和其他金融机构要充分发挥服务实体经济的主力军作用,首先要重新认识金融与实体经济的辩证关系,银行业必须认识到实体经济的基础作用,如果国民经济不能健康发展,银行、金融就必然不稳定,银行利润就会成为无源之本;如果银行脱离实体经济而自行寻求自我发展,必然是本末倒置。因此要充分认识金融在现代经济中的作用,在生产要素配置中的引领作用。银行业包括其他金融机构要加深对与实体经济互利共赢辩证关系的认识,不断强化为实体经济服务的金融理念,在支持实体经济发展中开拓新的业务领域,尤其是应当加大对中小微企业的支持力度,应当为企业的转型更新换代和技术创新提供更多服务。

第一,中国的中小微企业和以前不一样了。在改革开放初期,我们的中小微企业实际上属于粗放式企业,它们生产的产品基本上都是低端的,没有什么自主品牌。像珠三角、长三角,又都是外向型的经济,它们主要就是"三来一补"、来料加工。在这种情况下,它没有任何技术创新。但是,当时它们起了作用,包括在就业等各方面,珠三角和长三角都做了很大贡献。但是,从2007年金融危机开始,这些企业纷纷不行了,为什么呢?因为没有竞争力,它们生产的都是玩具,都是圣诞节的礼品,还出口一些纺织品。但是,在金融危机的情况下,人家在圣诞节可以不要礼物,人家的孩子可以不玩中国的玩具，纺织品也受到限制，所以这些企业就不行了。

第二，这些企业过去享受的是劳动力红利，即低工资，在座的有没有来自珠三角、长三角的？几乎近20年，他们用700元／月的工资维持了珠三角、长三角的发展。但是，现在2000元／月的工资都雇不到人了，人口红利在逐渐消失。这就需要转型，而转型就需要金融服务，否则哪来的钱呢？由于企业处于转型期、技术创新期，因此银行是不给贷款的，因为它要考虑还款风险。所以，这个时候就需要其他金融服务。在座的有创投，有PE，有风投，你们来服务当然也有风险了，但是必须提供金融支持。

"十八大"把科技创新、创新驱动提到非常高的高度。中国要成为创新型国家，这些落后的企业、落后的产业怎么办？不转型、不更新换代行吗？它们需要金融支持，有社会责任感的金融企业应当支持这些企业的转型。所以说，金融企业应该为中小微企业、民营企业的转型和更新换代提供更多的金融服务，这是我们的社会责任。

借此机会，我想提几点。

第一，银行尤其是大型商业银行贷款应该向中小微企业倾斜。大家知道，中国五大商业银行的贷款到目前为止占整个中国贷款总量的50%—60%。但是，它们主要是贷给大型企业。但是，它们要不要为占99%的未来经济发展最大的生力军、主力军来服务呢？应该。而从国外发展的情况来看，国外的花旗银行、汇丰银行，相当的业务已经转为私人银行业务，转为零售业务，转为个人业务，40%、50%不仅仅只是贷款，很多中间业务、表外业务，它们全做了。那么，中国这些大银行不应该这样做吗？所以，在"十八大"报告的一个解读里，我说金融改革提了五条，第一要打破金融垄断，发展合作金融、民间金融。我们不是不需要大银行，但是，大银行就可以这样来做吗？你们有没有想到今后利率市场化以后会面临的新竞争，完全靠贷款存贷利差生存的日子可能会一去不复返。现在大家都变成控股公司了，底下设保险公司、基金公司、信托公司，不是单纯的银行，而是已经成为金融控股公司了，为什么？因为它得生存。那它能不能考虑转变一下呢？为中小企业提供更多的服务呢？所以说，大银行应该拿出很多精力做这件事。应当转变思想，要更多地为中小微尤其是小微企业服务。

第二，应该建立和发展直接为中小企业服务的中小合作银行，或者叫合作金融组织。目前我们已经有了，有些地方做得还不错，和农村结合起来了。如有100多家城市商业银行，它们做了大量中小微企业的金融服务；而邮储银行也开始树立为中小企业服务的理念，措施也有了；村镇银行更应该为中小微企业提供更多的服务；农村信用合作社也要更多地为中小微企业服务。中国的农村金融合作社实际上最早在1929年就有了，在第二次革命战争的时候，在平江就有合作社了，那是农民自己的。新中国成立后，民办的社才没有了，利息也不分了，而且后来成了农业银行的下属机构。现在我们改革，恢复股份制的性质，但是又成为县联社、省联社，成了银行。所以，现在农民从农村信用合作社贷款很难，因为它恢复了合作金融、集体金融的性质，农民要贷款，首先得交股金。要贷100元钱，首先要拿出20元钱当股金，农民不干。所以，农村信用合作社应该真正恢复民间合作金融的性质，这样才可以做好，因此还需要继续进行改革。另外，还需要发挥小额贷款公司的作用。现在我们有很多家小额贷款公司，应该说还是不错的。但是，现在小额贷款公司也不愿意为小微企业和农村服务了，为什么？因为规模太小了，而且用自有资金贷款，做不了大事儿，所以它天天想着变成村镇银行。

大家都想做强、做大，这是金融改革非常大的一个问题。市场是分层次的，服务对象也是有层次的，小额贷款公司就进行小额贷款就完了，做那么大干什么？温州把有条件的小额贷款公司变成村镇银行我支持，但是我觉得大家都去变风险太大了，得有管理，而且它吸收存款就变成银行了，要遵守《巴塞尔协议》。最后，还要发展和规范民间金融。中国的民间金融有上千年的历史了，当时就是民间消费信贷的一个主要形式，比如说标会、摇会，现在叫抬会。什么叫标会？标会就是标出来你先使，摇会就是抽签，标会、摇会都有很严格的制度，不用担保、不用抵押，没有信用别想进来。所以说，民间金融实际上是一个好形式。但是，它的利息很高，由它们自己定，没人管它们，被限制以后，它们就变成地下钱庄，变成洗钱的场所，然后就出现了非法集资案件。温州、宁波、福建的石狮都是靠这些发展起来的，什么都会出问题，就看我们怎么做。

所以，我主张允许民间金融存在，允许它们存在对中小微企业有好处，然后使它们阳光化、规范化、制度化、法律化。至于它们的利率，你不用管，人家自己的钱在里面，这是人家自己的事，你管那么多干什么？你只管该管的，如果他卷款逃跑了，违法了，你就需要管了。只有建立多层次的金融组织、多层次的金融体系，才能够做到真正的普惠金融。

另外，银行和金融机构应该不断创新服务方式，提高服务水平。比如，我们要充分考虑小微企业缺乏有效质押、三农客户自然条件差的现实，积极创造量体裁衣的金融产品，面对实体经济对金融服务的多元化服务需求，优化服务体系，完善布局等。金融企业、商业银行还应该继续转变市场方式，变坐等上门为主动营销，等等。现在有一些地方银行做得不错，像我了解的龙江银行，行长是我的一个学生,他们搞了农业供应链金融,把农业、农户、金融一套连起来进行服务。所以说,我们应该想办法为中小微企业提供更多的金融服务,也就是说,健全我们的普惠金融体系,这样才能促进中小微企业的发展,促进国民经济的发展。

我就讲这么多,谢谢大家!

主题演讲二
——普惠金融与社会责任

唐　宁

唐宁　宜信公司创始人、CEO

曾就读于北京大学数学系，后赴美学习经济学，学成后在华尔街DLJ投资银行从事金融、电信、媒体及高科技类企业的上市、发债和并购业务。2006年，创立中国领先的普惠金融与财富管理服务机构——宜信，通过助农、助学、助工、助商，帮助高成长群体实现信用的价值，助力建设中国的社会诚信体系。还担任工信部中小企业政策咨询团专家、中国小额信贷服务中介机构联席会理事长、清华大学MBA企业家导师、北京大学MBA校友导师、上海财经大学商学院客座教授等。

非常感谢母校、感谢光华给我这样一个机会。作为在普惠金融路上有六年多实践的一家企业的代表，刚才听了曹老师的演讲非常激动。中国做普惠金融的时间其实不是太长,这个词甚至对于很多业内人士都非常陌生。所以,当我对别人说我是从事普惠金融和财富管理行业的人时,都能得到一个大大的问号。刚才曹老师在方向上给大家指明了普惠金融是什么,概念上我非常认同。下面我结合一些行业和企业的实践向大家做一个分享汇报。

首先,我用一头小牛的故事来解释一下我们是怎么理解普惠金融的。三年前,我们到陕西一个贫困县,县里的一个贫困的农村妇女花了580元钱,买了一头小牛。她家里什么都没有,我们就很好奇她的钱是怎么来的。由于家里一贫如洗,在传统金融中,以抵押、担保方式获取资金,对于这类贫困妇女是完全不可能的。那她是怎么创新地获得这580元钱的呢?后来我们了解到,当地有一个小额信贷助农组织,把五户贫困农户组织起来,结成一个组,彼此担保,这位妇女通过这样的方式获得了这580元钱。这样一个创新的方式,把人与人之间的社会价值转化成了资金,转化成了信任。这就是我们讲的小额信贷,民众通过获取小额信贷资金得到了一个发展的机会。三年后,这头牛卖了4500元钱。对于那个贫困妇女来说,三年时间,从580元到4500元钱其实没有什么风险。我想在座的很多人应该去做养小牛这样的事情,回报甚至比PE还要高。

但是,这几年之中牛可能病了,可能死了,那怎么办?在普惠金融体系之下,还有一种很重要的服务叫做小额保险。如果能够有这样的创新机构,写一张"牛"保单,这个贫困妇女就会更放心做这样的项目。但是,在中国,据我们了解,这样的机构并不存在,有也是极少的。而在其他国家,这样的创新是存在的。具体来讲,在农村地区,可根据今年的旱涝情况买一份保险,如果降水量达不到某一水平,保险公司会赔付你,这些在中国还是空白。

假定有了这样的农村小额信贷组织,假定也有了"牛"保险这样的创新保险组织,还存在哪些瓶颈呢？我 1997 年去孟加拉一个银行,早晨起来,看见一个网点开业了,想去看看业务是怎么做的。网点的负责人跟我说,你在这儿看不见客户。我说网点就是客户来找你,开张了没有客户,做什么生意？那负责人指着一辆自行车,说那是我的,说咱俩骑车去找客户。我纳闷说还有这样的服务,于是我们就上路了。骑着车,我们跋山涉水一个多小时到了村里,几十位客户已经坐在那儿等着我们了,这几十个客户采用的就是刚才说的结组担保的方式。所以,像曹老师讲的,要把企业信用资金送到有需求的人的手里,实现普惠金融需要一种完全不同的理念和完全不同的做法。我们叫"弯下腰来做小微,趴在地上做小微,把手弄脏做小微",只有这样才能够帮助那 50% 过去未被金融体系覆盖的人获取金融服务。

那么,这样的一个贫困妇女,她借了 580 元钱,假定有一个"牛"保险公司,能够让她每个月花 3 元钱买一份"牛"保险,还有什么问题呢？如果这样的话,这个公司的业务人员可犯难了,他每个月甚至每两个礼拜、每一个礼拜都要骑着小摩托车找她收款。例如要收 33 元钱,可能还有一个零头,33.6 元,再加上 3 元钱的保险费,就是 36.6 元。她给你一张 50 元的纸币,你怎么办？有很多这样的客户怎么办？所以小额支付、微支付也是普惠金融重要的组成部分。

普惠金融还应该包括存款、理财服务。贫困农户也需要理财。在印度,一个农村妇女工作了一天,晚上回家走进自己的里屋,柜子上面有四个罐子,把今天赚的钱分别放进四个罐子里。这其实就是四个账户,第一个可能是儿子上学的钱,第二个是女儿的嫁妆,第三个是老公的酒钱,第四个是自己的钱。所以,贫困农户、最底层人群也有理财的需求。而普惠金融提供的就是过去金融体系未覆盖的50%以上的人获取高质量金融服务的机会。这样的一个机会，在今天的中国，无论是城市还是农村，都是万亿的市场机会。

在城市我们有几千万的小微企业主，还有更多的也算是小微企业主的人，即兼职创业的工薪阶层。中国有一个特点就是全民创业，人们非常有企业家精神，很多人都是有一个工作，同时还"整点小事儿"，"整点小事儿"也就成了小微企业主。此外还有大量的贫困农户，他们也是小微企业主。就我们的理解，普惠金融最重要的组成部分就像刚才这个故事中所讲的，支付很重要，保险很重要，但是前提是通过信用的方式帮助这群人获取资金。普惠金融的核心是普惠信用。因为如果没有通过信用的方式帮助这群人获取资金的话，他们不可能获得发展的机会。这样的一群人，社会资源匮乏，也缺少实物资产，所以，用传统的抵押担保方式不可能得到资金。

怎么帮助他们建立信用呢？六年多前，我们创立宜信公司的时候，考虑到如果能够帮助中国广大的未被现有金融体系覆盖的人群获取信用、建立信用，将是非常大的一个机会。我们做了市场调研，所有人都跟我们说这事儿不靠谱，在中国做信用不靠谱，中国不是信用社会，中国人的信用不靠谱，但我不信。当时还有一个机缘，作为天使投资人，我们投资了一些教育培训机构，当时教育培训机构的负责人跟我说，他们有大量的学生和学生家长，当时大学生面临一毕业就失业的危机，所以大量的大学毕业生参加职业培训，这样的一群人越来越需要培训贷款，很多时候却难以一次支付。于是教育机构提出能不能边培训边付款，或者先培训后付款。我想机会来了，这样的一群人愿意参加培训，愿意做更好的自己，所以，从守信的意愿上他们有保证，否则谁会花半年、一年时间参加职业培训呢？

从守信的能力上,他们获取了市场化的技能,能够找到更好的工作,那么守信的能力也会更强。信用理论说,有更好的意愿,有更好的能力,就是好的信用。

当时我跑遍了自称有创新意识、创新服务的银行和金融机构,告诉他们这儿有一群大学毕业生参加职业培训,希望有一万元、两万元这样的信用借款,作为创新金融机构,你们帮助帮助他们,他们是有信用的。结果没有任何一家机构愿意做这件事情。怎么办?我就把自己的钱借给他们,当然也是市场化的方式,否则也不可持续。我当时想,咱们试一试,借给这批有信用的人群、大学毕业生。结果效果非常好,所有的人都按时还款了。

我结合孟加拉的实践和在美国工作的经验,以及看到的美国信用社运作的模式,相信在中国信用社会一定会实现。而通过实践看到参加职业培训的大学毕业生们还款了,给了我更大的信心。所以从那个时候开始,宜信公司起步了,面向城市的小微企业主、参加职业培训的大学毕业生、兼职创新的工薪阶层和农村的农户做信用建立、资金筹措和增值服务这几项服务。到今天我们已经覆盖了80多个城市和20多个农村地区,过去几年一共服务了近50万城市和农村的小微企业主等未被传统金融体系覆盖的人群。

我们讲穷人有信用,信用有价值。但这种穷人并不就是穷得叮当响的人,而是过去未被金融体系覆盖的人。联合国在2005年提出普惠金融的新概念,将小额信贷和微金融的发展纳入整个金融体系,向被排斥在传统金融体系之外的群体提供金融服务,包括贷款、储蓄、保险、汇款、转账和租赁。微型金融、普惠金融具有财务投资和社会投资的双重价值,今天咱们探讨的社会责任也具有这样一个特点,既有商业价值,同时也有很强的社会意义。

在金字塔型的市场,我们为最底层的 30% 和中间的 50% 这些传统上未被金融服务体系覆盖的人群提供金融服务,这不仅仅是企业社会责任的范畴,也是企业核心业务的范畴。宜信最早从 P2P 这样一个模式创新起步。P2P 就是个人对个人,源于我本人把自己的钱借给这群有需求的大学生,后来有越来越多像我这样的人也把自己的钱借给有资金需求的、过去未被金融体系覆盖的这样的一群人。宜信平台的定位就是做出借人和借款人之间的一个增值服务提供商,所做的就是帮助这群有资金需求且用途正当的老百姓、小微企业主建立信用。通过学习国外的信用技术,做好评分卡、决策引擎,以及通过交叉盘问在几个小时内倒推三张财务报表等这些创新的信贷技术,做好信用管理和信用风险控制。

帮助借款人筹措资金,那么资金从哪里来?几年前我们找机构,机构不愿意,当时可以从个人来,个人借给个人。今天钱也从机构来了,因为由于这种小额信贷服务中介的模式在过去几年运作得非常好,现在也有银行、信托公司和其他金融机构愿意把自己的钱借给这群小微企业主和农户。宜信平台提供的服务和原来没有任何不同,还是帮助这群借款人建立信用,帮助他们从更广义的来源筹措资金,同时提供增值服务。我们提供哪些增值服务呢?小微企业主除了资金的需求之外,还缺很多很多东西。你问他有了钱之后还缺什么?他会告诉你一箩筐的事儿,说每天非常忙,但是一事无成。什么原因?他们不太会优先管理,不太会做预算,也不知道怎么样招合适的人,招了之后如何搞培训,如何用微博做营销,等等,很实用的事儿都有需求。我们提供增值服务给小微企业主,包括做咨询、帮助他们搞培训,这也是 P2P,不过是知识的 P2P。比如你是一位小微企业主,服务提供方帮助你找到一个退休的、资深的职业经理人,一对一结成对,你有不懂的地方就问这位职业经理人,他在退休之后还能够帮助更多人也会感到很高兴。这种个人对个人知识经验的分享也是非常有意思的,现在,国内我们也在做。

宜信平台帮助中国的小微企业主们做信用建立、资金筹措和增值服务,全方位地帮助这个人群。我们现在有 17000 多位同事活跃在中国 100 多个城乡地区,已经服务了接近 50 万客户群。这是我们地域上的覆盖。从普惠信用的角度来讲,工、农、商、学各个领域,城市、农村我们都有覆盖。从资金获取的方式上,可以以零售的方式,也可以以批发的方式,可以通过互联网,可以是线上的方式,也可以是线下的方式,因为很多小微企业主并没有被互联网所覆盖。同时,既有纯信用的方式,百分之百依靠信用,也可以根据小微企业主、工薪阶层和农户的自身特点有一定的抵押。

在行业发展方面,我们前年成立了小额信贷服务中介机构联席会,这是小额信贷服务中介的行业组织。这个组织和北大的关系非常密切,其中的两家发起机构,一家是北大金融信息化研究中心,另外一家是北大立法学研究中心。它们和三家中介机构一起帮助建立小额信贷服务中介这个行业的规范,签署自律公约,遵纪守法,合规经营,共同研讨风险管理的方式,同时做好客户的利益保护。我们发布了中国小额信贷的第一份社会责任报告,其中包括如何通过信贷企业担当责任的模式践行企业社会责任。我们认为企业社会责任是一种战略,而并不仅仅是去养老院给老奶奶读书,或者发生灾害的时候捐款。

另外,宜信公司在过去几年的快速健康发展期间也步入了另外一个非常丰富多彩的行业,就是财富行业。过去通过个人对个人的模式发现了很多理财客户,我们给他们推介这样的一个理财手段,就是把自己的一部分闲余资金出借给个人。很多人在被我们深度服务时,问我们更多的问题,他们认为我们提供的模式很实用,但是与此同时如果他们有一个腰斩的股票怎么办?或者年底了,要发奖金了,怎么理财?基于客户的需求,我们以需求为中心做了综合的财富管理和财富规划,帮助客户和他们所在的家庭打造一个资产包,包括全部的资产应该如何去配置,有哪些不同的资产类别可以实现风险收益,适合客户和客户家庭需求的配比是什么,有多少是股权类的,有多少是固定收益类的,有多少是保险,有多少是风险投资甚至是艺术品和红酒,还有多少要以现金的方式保持很强的流动性留在他们的手中。

中国的财富管理行业处于超高速成长阶段,刚才曹老师已经给大家举了非常生动的例子。我想,像曹老师这样的金卡客户都未被很好地满足,那咱们广大的大众富裕阶层就更不用说了。大家可以看到,其实财富管理绝不仅仅是说用既有的钱赚更多的钱,财富管理的目标是真正实现个人和家庭的一个综合的提升。你的确有更多的财富,但是你这种财富是以多大的风险为代价的呢?你是不是有一个和谐的家庭,是不是有足够的保障,财富是不是能够很好地传承下去,有没有很好的税务规划,有没有很好的遗产规划,这些其实都是财富管理要提供的。

宜信公司在2011年之前只提供一种单一的理财模式,就是帮助客户把一部分资金出借给有资金需求的、信用良好的个人,获得8%、9%、10%的回报。我们从2011年开始以这群客户的需求为中心,做了信托、公益、理财、基金、保险等多种产品的推介。

面向未来,从今年开始,我们要在理财规划、资产组合评估、税务规划、遗产规划等方面提供更多的服务,最终实现一站式财富管理。中国这群大众富裕阶层，即实现了中国梦、有10万—100万美元可投资资产的这样的一群人，需要一个家庭的财富管理、财富规划的医生，而这样的一个私人医生，就是宜信财富，我们做这群人长期可信赖的财富管理伙伴。我们有一个很有趣的产品，也是宜信公司承担企业社会责任的一个模式，就是推广公益理财的概念，一方面有物质收益，一方面有精神财富。我们有一个叫宜农贷的公益理财产品，就是城市的爱心人群以最低100元一个份额出借给农村的贫困妇女。在互联网上，客户可以选择是帮助陕西养猪的贫困妇女，还是河北做小生意的贫困妇女。大家可以看到借款人的需求，她的项目情况，已经有多少人借给她多少钱。如果你想帮助她，那就借给她100元，或者100元的整数倍。如果有一万元，可以选择100个贫困农户，一人100元。完全可以这样的方式利用小孩儿的压岁钱，教他如何理财、帮助贫困农户。我们还把很多社交网络的理念引进来，有很多结成组一块儿竞争助农的方式。你借出的100元一年之后还会回来，不会消失，它不是捐助。回来之后，你还可以借给更多人，这是可持续的方式，而不是像原来就蒸发了，或者渠道成本非常高，100元钱的捐赠，到了受益人手里只剩50元了。我们的渠道不会出现类似"郭美美"的事情，捐助者的钱都会回来，而且还能明确地说它去了哪里。这是一种输血，而不是造血。就是用这样的方式，我们一共在互联网上筹措了近3 000万元，现在已经帮助了近6 000名贫困农户。这是这些合作机构、NGO的一个布局，这就是我们业务之外的一种社会责任的项目。

我们为什么不选择别的项目？因为它跟我们的主业非常相关，我们每一个同事都愿意参与。它不是一次性的捐赠，而是我们每天都在参与的事情。我们在线下跟客户进行财务规划的时候就说，你能不能把你资产的 1% 拿出来做这样的事情。99% 的资产已经获得 10% 的回报了,为什么不愿意把 1% 的资产拿出来,获得 2% 的回报呢?通过这样的一种方式给客户综合的客户体验,我们的客户体验也更好了。所以,尽这种企业社会责任不仅仅是投钱,我们同事的精神也更足了,我们的企业品牌也更好了,这是一种多赢的做企业社会责任的方式。

刚才讲的 P2P 是零售的方式,就借款人来说,这儿 100 元钱,那儿 200 元钱,小额信贷助农组织不是那么解渴。从参与出借的个人来讲,如果他的钱多一些,有几百万想参与,就没办法 100 元 100 元地借了。因此,另一种创新是批发的方式,我们创立了第一支公益性小额信贷批发基金,现在已经帮助了五家小额信贷助农组织。我们把钱借给它,一年之后它再还回来,然后再借给更多的人。通过企业社会责任承担的方式,企业也受益,农户和助农组织也受益,这样的一种多赢,给了我们很好的可持续的承担社会责任的机会。今天的时间有限,就向大家汇报到这里,非常感谢!

主题演讲三
——企业社会责任的三个层级*

孙陶然

孙陶然 拉卡拉支付有限公司董事长兼总裁

成功的跨界连续创业者,二十年间创办及联合创办了六个行业的六家著名企业,现任拉卡拉支付有限公司董事长兼总裁,并担任蓝色光标品牌顾问股份公司等多家公司的董事,天使投资人。是北京大学光华管理学院EMBA特聘导师,北京大学企业家俱乐部(ECPU)的执行理事,创始人俱乐部第一届联合主席,创业板董事长俱乐部发起理事,北京青联委员,北京民营科技实业家协会副会长。

尊敬的曹老师、张老师、江老师,各位学弟、学妹,大家下午好!非常高兴来到北大光华新年论坛。去年我也来了,曹老师是主持人,当时还帮我推销我写的那本《创业36条军规》,那本书去年印了

---

* 本文未经作者本人确认,标题为编者所加。

12次，所幸没有辱没您的推销。我是1987年入学，当时叫经济管理系，就是光华的前身。每次回到北大都感到非常亲切，因为我觉得工作二十多年来，我得益最大的都是北大给我的。这二十多年行走江湖，有四个法宝，基本上都是北大教给我的。

第一个是眼界。无论做什么企业，眼界都很重要，能不能比别人看得远一点，直接决定了所做的选择和决策是否正确，这是北大教给我的。北大有非常多的讲座，我们不但可以听到国内各行的大师们的演讲，还能聆听国际上的各种名家大师演讲，各种最新的理念都会来到这个校园。在北大的四年让我的眼光变得敏锐了，让我受益匪浅。

第二个可以说是骨气，或者是傲气。其实在每个北大人身上这点都特别明显，所谓的骨气就是不屑于做一些拿不上台面的事情，不屑于做跟别人类似的事情，这其实就是创新。所以，我们可以看到，北大出来的同学做的企业，要么不怎么样，如果好那就是大好，一定是开天辟地的。包括唐宁、李彦宏、俞敏洪，不论做什么，哪怕是培训，也可以做到在美国上市；做搜索，也能做到跟谷歌一争高低。所以，我认为这是一种骨气和傲气，它让我们在做事的时候完全不去复制，而是去创新。我认为这也是北大教给我的。

第三个其实是一种学习能力。无论做什么，能够不断地学习、不断地自我优化非常重要。说实话，我在北大上学的时候经常逃课，很多课没有上，但是每门课的老师带给我的那些精神上的东西我吸纳了很多，我认为这是一种学习的能力，能够让自己不断地向自己学习、向别人学习。

第四个是人脉。在二十多年来，我在工作中、生活中接触最多的其实都是北大毕业的——上下级的，左右系的，合作最多的也是这些人。所以，每次回北大我都非常感慨，也非常感动，我希望各位北大的学弟、学妹,能够很好地珍惜在北大的学习时间,多从北大吸取一些东西促进自身的成长。

说到今天的这个主题,我在二十多年里参与了6家企业,有3家是我自己运营的,有3家是我和朋友一起创建的,多数是跟北大的朋友。目前我花最多精力运营的企业叫拉卡拉,我们一直管自己叫非银行金融服务机构。今天我学到一个词叫"普惠金融",这才发现拉卡拉好像一直在做普惠金融。我们在过去的7年里做了三件事。第一件事:我们原来叫公共服务,现在可以叫普惠金融,就是在全国300多个城市、6万个便利店安装了自助刷卡设备。当然我们最近把它升级成了带触摸屏的基于安卓系统的多媒体终端,装在所有大的商超、便利店、银行营业厅里面。这个设备最早是用来还信用卡的,无论是哪个银行的信用卡,都可以在这个机器上还款。最早的信用卡都是四大行发的,在2006年、2007年的时候很多股份制商业银行开始发信用卡,它们的信用卡因为差异化的竞争服务会更好一点。但信用卡有一个问题,就是营业金特别少。每个月用了信用卡之后就要还款,如果没还,此后这个卡就没法用了。我们的这个设备其实就是顺应了这样一个需求:拉卡拉就是一个银行营业厅的延伸,因为你可以在你们家院子外面的便利店来完成还款。

我记得在2007、2008年的时候,平安银行一年在上海发了100万张信用卡,但是当时平安银行在上海只有两个营业厅。100万个持卡人,如果都涌入营业厅里面还款是不可想象的事情。但是,因为我们在上海4000个便利店安装了我们的设备,所以能够支撑一个只有两个营业厅的银行一年在上海发100万张信用卡。这是我们做的第一件事情。现在每个月差不多有1500万人在我们全国的网络上使用这个设备。

我们做的第二件事是在中国人民银行给我们发牌照之后,开始进入收单市场。传统的收单市场一直是银行和银联来做,2010年中国人民银行发了牌照,允许获得牌照的民营公司进入这个市场。进去之后,我们看到这个市场里面最受关注的是一些大商户——商场、酒店、餐馆,竞争非常激烈。但我们发现另外一块市场是没有人关注的,那就是小微企业,它们一个月的营业额可能只有五六万块钱,刷卡额可能只有三四万。在国外,这种小微企业刷卡是完全没有障碍的。我曾经去日本,忘了带现金,真的就是刷银行卡,没有任何问题,包括买一个一美元的汉堡包也可以刷卡,但是在中国就不行。即便是在北京,也有非常多的地方不能刷卡,更别说到二三线甚至四线城市了。

所以,如同曹老师刚才讲的,这就是标准的传统金融没有覆盖到的、阳光没有照耀到的小微企业的需求。在银行卡越来越发达的时代,小微企业需要去受理银行卡,需要让来的用户可以刷卡。我们在去年一年发展了10万商户,在我们这个行业里面也算是比较了不起的一个成就了——当然我们这10万商户是分布在差不多100个城市的。这个业务也确实非常受这些小微企业的欢迎。

我们做的第三件事情是去年推出了一款安装在智能手机上的手机刷卡器,这针对的是那些拥有很多张银行卡并希望快捷使用银行服务的人。20年前,可能每个人只有一张银行卡,工资和信用卡都在这个银行。但是,现在每个人身上都会有很多张卡,怎样随时随地地应用它们是一个问题。同时,在需要银行服务的时候,客户要么使用网上银行,要么去银行网点,但这两种方式都存在一些障碍,客户希望能够用一种更简洁、更方便的方式,所以我们推出了拉卡拉的手机刷卡器,插在智能手机的耳机插口上,就可以完成除了现金之外的银行营业厅的所有业务,可以转账,可以汇款,可以缴费,可以买彩票、演出票、电影票。这款手机刷卡器于 2012 年 5 月 29 日上市,截止到 12 月 31 日,7 个月的时间里,安装量超过 500 万,刷卡器硬件的出货量接近 200 万,发展速度非常快。我们 7 年前开始做拉卡拉,并不知道"普惠金融"这个词,是凭着一个很朴素的观念走到这条路上的。这个观念是什么呢?我现在的体会是,它是一个企业的社会责任。我认为社会责任首先是一个市场责任,因为企业是一个经营的组织,是一个营利性的组织,能否获得利润的核心在于能不能提供市场上需要的产品。我们做的这三件事,无论是公共服务、小微企业的收单服务,还是个人的移动支付服务,初衷都是瞄着市场上的一个空白,这个空白可能就是因为传统的金融服务没有覆盖到。我们发现了这个空白,并且做出了满足这个空白需求的产品。

所以,我认为,企业社会责任的第一个层级应该是市场责任,或者叫产品责任,在于能不能生产出有价值的产品。企业如果不能提供有价值的产品,甚至提供的是有害的产品,则根本谈不上社会责任。企业社会责任的第二个层级应该是员工责任。我们应该首先管好员工,让企业的员工都能过更好的日子,都能活得更有尊严一点。联想的柳传志先生,经常在联想体系内部强调这一点,希望首先让员工过上好日子,给他们施展才华的舞台。我个人也非常赞同,拉卡拉其实也在实践这一点。我希望我们前进的每一步都能够跟我们的员工分享。社会责任的第三个层级应该是一种理想追求,就是一个企业能否对这个社会、对科技的进步有一些正向的贡献,产品是不是真的在改变这个世界。前两天中央电视台环球新锐榜评选 2012 年的移动新锐,把这个奖给了拉卡拉。我觉得虽然有些过誉,但是它透露了一个信息来说明拉卡拉提供的产品和服务是真的在推动这个社会的进步。我认为拉卡拉在便利店提供的公共服务,促进了很多中小银行信用卡的普及和发展,它对中国整个信用卡的发展也起到了一点点作用。从移动支付的角度来讲,如果手机支付问题可以很方便地解决,可以想象我们的生活会发生非常大的变化——你随时随地在你的手机上就可以完成很多业务。在时间的节省、整个需求的满足上,这是一个根本性的变化。而在这种变化之中,如果一个企业的产品和服务推动了这种变化的产生并使其进步,我认为这就是这个企业在社会责任方面一个非常大的贡献。

当然,慈善等方面也是一个企业应尽的社会责任。我们中国人是"穷则独善其身,达则兼济天下"。我个人非常有幸和拉卡拉一起进入普惠金融这个领域,我们也愿意和北大的金融研究中心,以及像唐总这样的企业,一起努力推动一些事情,让这个社会变得更美好,谢谢大家!

圆桌论坛

姜万军：接下来的时间是圆桌论坛。我们的圆桌论坛，接着刚才的话题，讨论金融企业的社会责任。谈到社会责任，我们经常容易落入"道德说教"的误区，以"道德卫士"的身份，指责企业的各种不道德行为。我们希望大家通过今年的北大光华新年论坛，对社会责任有一个更全面、更深入的了解。就金融业来讲，我们可以看到，从国外到国内，这些年的金融业名声不是特别好，尤其是2008年的全球经济危机，金融业实际上是最初的肇事者。2007年从美国开始，先是次贷危机，然后到雷曼兄弟破产，再到整个世界的金融危机。经过这么大的一个波动以后，我们对金融本身如何履行社会责任应该有一个深刻的反思和更好的认识。刚才曹老师，还有唐宁他们都结合自己的经验和理论做了一些阐述。其实，对于金融业，我们认为：最终的社会责任应该是回到金融的本质。金融的本质是，要根据社会和经济发展的需要，从时间到空间上，做好资金的融通。金融创新不能是脱离社会经济需要的、单纯为了金融业自身获利的神秘的工具"创新"。从金融服务需求者的角度看，在资金融通的过程中，我们经常会发现资金需求者和资金提供者之间有很大的鸿沟。事实上，还有相当一部分人，包括个人和企业，可能没有机会享受到金融服务。所以，我们接下来的话题想要针对这个做一点讨论：金融普惠服务转型，也就是说，金融业如何回归本质，为中国的经济和社会转型服务。

我们请每位嘉宾先用五分钟时间，大概介绍一下你们公司的主要业务和你们的盈利模式。

孙雷：各位来宾，大家下午好！我本科毕业于这个学院，现在即将从北大光华 EMBA 班毕业。曹老师还有姜老师都是我本科和 EMBA 的老师。在这里非常荣幸能和大家交流。我们公司 2006 年从一个上市公司独立出来，然后独立承办公司，以前我们整个团队全都是北大毕业的，我的七个副总裁中，三个是光华的，一个是经院的。公司从 2006 年到现在一直为金融机构服务，每一年我们服务的金融机构网点大概超过 6000 家，包括对很多银行的服务、营销、小微金融、零售银行服务等，工商银行的金卡，也是我们一手策划的。我们的主要业务是零售银行，也就是个人业务，还有小微金融，像民生银行、中国银行和包商银行等，做得比较好的小微金融，其整体业务都有相关性，我们还涉足财富管理。

谈到普惠金融，我们作为第三方机构，更多的是站在银行的背后看待企业的社会责任和社会的普惠金融。普惠金融和在座的各位每个人都相关，人人都可以参与到普惠金融中来，无论是理财还是融资，都跟大家息息相关。它是一个草根金融，离大家很近的金融，一点都不神秘，跟投行、跟华尔街的金融衍生产品完全不一样，所以我想大家多了解一些，可能对自己个人和企业都会有帮助。

李静姝：大家好，非常高兴今天有机会跟大家一块儿探讨金融业的普惠服务话题。来到这里，也让我进一步增强了作为一家大型商业银行,坚持走普惠金融这个服务道路的信心,在这里我们找到了同盟军。邮储银行是一家老机构,1986年恢复开办,但同时它也是一家新银行,我们于2007年转制成商业银行。邮储银行有三大特点:"两多一少"。网点多,全国3.8万个网点;资金多,我们的资金接近五万亿元,仅次于四大行;"一少"是我们的贷款少。应该说我们"两多一少"的特色为走好这条扶持小微企业、百姓、三农发展的普惠金融的道路留下了比较广阔的空间。所以,今天我也特别高兴能有机会参与探讨这个话题,也愿意跟大家分享我们邮储银行做普惠金融服务的一些想法。谢谢大家!

叶大清:下午好,我是融360公司的联合创始人。融360公司是中国领先的移动和互联网在线贷款搜索及推荐平台,我们服务的用户是中小企业、小微企业和个人消费者,其中30%左右是中小企业、小微企业,另外70%是个人用户。在座的各位,你们大学毕业后,如果要买车、买房,或者要创业,包括助学贷款都可以通过融360公司来搜索。融360公司主要解决找贷款难的问题。众所周知,现在中小企业寻求贷款很难,与此同时,银行找客户也很难;而我们作为消费者,也不知道哪个银行贷款的利息和总费用最低,流程更为简便,所以说,这里存在着巨大的信息不对称。融360公司所做的工作,就是帮中小企业和个人消费者对接到合适的金融机构。我们希望直接把用户和种类齐全、多元化的金融机构联系在一起,包括大型国有银行、股份制银行、城市商业银行,还有像邮储银行这样的创新性银行,满足各种用户多元化的需求。

刚才曹老师讲到一点,"五六七八九",我有一个补充数字,就是中国所有的贷款里,中小企业和小微企业的占比很低,只有10%多一点,非常低。在中国,中小企业和小微企业承担了80%—90%的人口就业,贡献了60%的GDP,但只获得了10%的贷款。同样,我看了一下海外的数字,这还是三年前的数字,美国的小微企业、中小企业贷款占35%,韩国、日本和中国台湾地区是60%多。从这个数字大家能够看到,中国的中小企业、小微企业虽然贡献很大,但是实际上并没有得到金融机构很好的服务,我觉得我们在座的各位服务中小企业的责任重大。

融360公司的定位非常明确,我们提供的就是普惠金融,提供大众融资贷款搜索和推荐服务,中小企业是我们的服务重点之一。我看了一组数字,虽然中小企业只占我们30%的用户,但它们通过融360公司的搜索引擎找到金融机构,申请到的贷款却占了贷款金额的70%。我们的使命是希望能够帮广大中小企业、小微企业,包括很多个体户和个人找到适合他们的贷款产品。普惠金融,"普"就是要涉及大众,包括众多的中小企业、小微企业,在数量上能够为尽可能多的群体提供服务;"惠"就是不仅能让各类群体贷到款,而且应该能够以较低的成本贷到款。为了减少贷款过程中信息的不对称,大家可以通过融360公司的平台找到并了解金融机构的产品,特别是能够比较不同金融机构的产品和服务。这样,复杂的贷款便以简单的方式展现出来,专业的服务以通俗的方式为大众所了解,这就是我理解的最好的用户体验和最重要的普惠服务。

孙立文:大家可能对福元运通投资管理有限公司比较陌生,但是有一个业务大家会比较熟悉。温州金融改革的第一点叫贷款平台,在温州金融改革做贷款平台以前,福元运通投资管理有限公司已经做了八年。现在温州的金融改革,温州贷款服务中心所做的模式,都是福元运通投资管理有限公司八年以前做的。这八年来,福元运通投资管理有限公司作为一个金融中介服务公司,为中国9万多家中小微企业解决了融资难问题。截止到2012年12月31日,据不完全统计,我们为中国的中小企业解决了1900多亿元的资金难题,我们有14万个放款客户,为9万多借款客户代表的中小微企业贷款。

所以,基于温州金融改革的这种贷款平台,我们践行了"普惠金融"八年。当然,福元运通投资管理有限公司跟唐宁的宜信不一样,唐宁做的是10万元钱以下的生意,而福元运通投资管理有限公司面向的是10万元—3000万元之间的中小企业融资难问题。到今天为止,福元运通投资管理有限公司是2008年3月3日在中华人民共和国商务部第一个备案的、允许在中国内地做跨省特许经营的金融中介服务公司。到目前为止,它的网点、加盟店有476家,遍布全国22个省、市和自治区,经营公司15家。福元运通投资管理有限公司做的是向下的普惠金融,做这个公司的时候我们有一个定位:我们就做中介服务。我们的法律地位就是做一个"红娘",做一个资金的"红娘"。我们的定位就是给借款人与放款人搭建一个桥梁。昨天上午在光华EMBA上课的时候,我问老师,我可不可以讲一些"十八大"以后能够改变的政策问题?老师说,完全可以讲。我想借这20分钟讲一讲中国金融的政策。从事了八年的金融中介服务,我认为一些金融条例比交规中的黄灯还厉害。

举个例子,我们中国的小额贷款公司条例里有五点,我们所有的从业者都违反了。第一,注册资金的一半用于放款,目前为止全国5000个小额贷款公司估计都违规了。第二,放款必须不能离开你注册的这个地区,基本上2/3的公司都离开了。第三,为了支持三农,五万元以下的贷款必须占一定的比例。当然这在试点的时候,在山西、陕西、贵州、四川这四个省可以,但在北京朝阳区的小额贷款公司,五万元以下的比例占70%有可能吗？第四,贷款必须到当地指引的政府机关报备,现实中估计有一半报备就不错了。第五,没有钱可以向两个不同的商业银行融资。这一条更可怕,商业银行怎么会给我们融资呢？

小额贷款公司条例完全是中国的"黄灯",所有的从业者天天都在违规。不管是融资型担保公司还是小额贷款公司,在中国只以自有资金贷款放款的公司都会被无形中套上一根绳子。所以,福元运通投资管理有限公司坚守金融中介服务的法律地位,我们就当"红娘",谢谢大家!

孙陶然:我们的业务简单来说就是三块儿,一块儿是公共服务,一块儿是商户服务,一块儿是移动支付服务。拉卡拉做的业务就是当借款之后需要还款,或者需要转账、需要进行支付时,我们提供这样的便利服务。根据主持人的要求,我讲一下我们的商业模式。我们的收入主要是手续费中的一部分,所有的手续费会在发卡行、转借机构、收单机构进行分配,我们拿收单机构那一块。

姜万军:谢谢各位嘉宾。如果真的能够做到风险和融资的价格(利率)相互匹配,可能资金需求方和资金提供者之间的融通问题就不会有太大异议了。现在真正的问题是,这些中小微型企业,作为资金的需求者,恰恰是没有足够的支付能力,付不起高利息。所以,就出现了各种各样的矛盾和困难。这里,我想问各位,在这个过程中,按照你们的经验或体会,你们觉得目前实现普惠金融遇到的困难是什么？可以用一些什么样的创新的办法来解决这些困难？

孙雷:就姜老师的这个问题,我先表达一下自己的观点。因为我们从合作银行的大量数据后面发现了一些规律和问题。整个普惠金融最大的难题在于信息不对称,非常难辨别借款人的真实用途和他的信用情况。这给银行带来了巨大的障碍，银行不是不想做，是成本太高了。因为银行做一亿元、两亿元的单子，和做10万元的单子人力耗费基本上差不多，但为此获得的收益却是天差地别。所以，大部分银行说要做小微金融，但实际上做得很少，是因为投入和产出的严重失衡。在小微融资中，我们总结了一些出现不良贷款、巨额风险的情况。第一种就是额度越高的风险越大。第二种是期限越长的风险越大。对于小微金融，很多注册公司能活过一年的很少，每一年都会死很多公司。所以，期限越长，风险越大。第三种是创始人和公司年纪越小的风险越大。第四种还有区域因素，像鄂尔多斯，银行甚至有高达19%的不良贷款率，这都是隐患。鄂尔多斯的房价从几万元变成现在的3000元，这种连锁反应就会造成难以甄别大量的小微企业，很难辨别它的风险，难以定价。美国的富国银行是针对每一个小微客户得出一个风险系数，最后给出一个价格。但是，国内任何一家银行机构所有的利率基本上都是标准化的、同质化的，这就是一个大问题。银行不能根据客户的风险进行定价，收益不足以覆盖风险，目前这是小微企业融资难的一个困境。小微企业想要钱，银行也有钱，但就是不敢给。

　　我总结了几个参与者的角色。第一个是政府机构。政府机构一般呼声比较大，真正动起来的很少，政府机构想要真正扶持小微企业，最好的方式是从政策上做文章。第二个是金融机构。金融机构慢慢开始重视小微企业了，但是因为金融机构是一把手风险责任制，不在乎挣多少钱，只在乎会不会出现风险，这样就导致金融机构很难真正投资到小微企业。第三个是民间的小额贷款公司和担保公司。在中国内地，随便找一个亿、五千万就能开小额贷款公司，现在就有5000多家小额贷款公司。这些公司受到明显的限制，我们并不看好单一的小额贷款公司,除非有一个巨大的航空母舰,把小额贷款公司组合起来。听说香港地区有一家公司正在做这件事情,它在做整个亚洲的联合财务,在各地做小额贷款公司,组合联合的债券,像村镇银行。所以,我们对小额贷款公司和担保公司的前景不看好,很担忧。第四个是民间的中介服务机构。民间的中介服务机构越来越多地进入到这个领域,因为进入门槛相对比较低,所以运营不规范。第五个是真正跟大家都相关的,就是所谓的民间纯个人之间的贷款。很多人或多或少都在参与,但是所有的参与者都有一个共同的问题,就是不能辨别信息。刚才唐宁讲到一点,就是贷款其实并不一定要看抵押担保,抵押担保贷款不良率在不断攀升,核心还是要看还款能力和意愿。还款能力重视现金流,而不是重视他有多少资产,所有车房都抵押出去是很危险的;还款意愿是看这个人或企业本身。我们做企业向来认人不认企业,企业是有限责任,人是无限责任,如果把一个人把握好了,风险相对会小很多。

一个人的信用,包括他的人品、口碑,还有他历来的价值观都会影响到还款问题。所以,现在做贷款,解决小微企业融资难题,一定不要看抵押,现在出问题的都是江浙一带有工厂的。我们特别不喜欢的就是有特别多抵押物的,因为他可以拿一个抵押物多处贷款。他最害怕的是被多家公司联合挤死。因为他有1000万的盘子,只贷100万、50万,这个利息还能承受。但贷太多的款,从民间、高利贷公司、小额贷款公司贷款,各家机构又不联合,这个风险系数是最大的。如果1000万的身价但只贷款三五十万,真不值得逃避,但是如果有30万身价的人,贷了一千亿,他肯定会逃。所以,风险就和借款人自己整体的还款意愿、还款能力以及大家是否通气都有关系。我特别呼吁,真正做普惠金融的各个机构要携起手来,信息要对称,如果不对称,就会出现问题。这是我的感受和观点。

李静姝:跟各位分享一下我们作为银行业一分子的一些认识。我觉得银行要做普惠金融,其实最根本的是要解决两个困难,或者两个问题:一个是愿不愿意做的问题,就是意识的问题;一个是有没有能力做的问题,就是能不能做到的问题。

说到意识的问题,我觉得今天这个题目特别好,就是社会责任。社会责任其实是每一家企业都应该承担的,银行业尤其要承担,因为银行业是一个服务行业,服务行业承担社会责任不是为了别人,而是为了自己。因为服务行业是服务于经济社会的,要依附于实体经济的良好发展,依附于社会的不断进步。这样才有银行业的良性发展。

还有一点,我觉得普惠金融实际上也是未来银行必须要走的一条路。银行业现在也面临很多挑战,今年中国的银行业一直面临很多问题。随着利率市场化的进程不断加快,新资本管理办法的实行,还有大企业的直接融资渠道不断拓展,使银行为大客户提供贷款融资服务的机会越来越少,服务大客户的利润空间越来越窄。因此,我认为银行越早认识到应该俯下身子做好小微金融的服务,越能够有持续发展的能力,这是解决意识的问题。

对邮储银行来讲,我们天生就有这种责任,又有传承。因为邮储银行脱身于邮政集团,邮政本身推行普遍服务,保障的是大家普遍通信服务的权利。邮储银行传承邮政的这种传统,让我们从成立之初就想探索一条大型商业银行做好小微企业普惠金融服务的道路。

同时,我想这也是国家给我们的定位和责任,刚才曹老师讲了,邮储银行是一笔一笔把老百姓的钱、社会的闲散资金聚集起来的,我们也要承担为全社会服务的使命,我们一直在探索这样的道路。

那么,为什么大家都不爱做普惠金融呢?刚才孙总也说了,做小微金融最大的问题是信息不对称,同时它数量多,非常分散,单笔的利润比较低,而成本却非常高。银行不外乎在平衡两件事:一是收益和成本的问题,二是收益和风险的问题。当然,如果把风险纳入成本,根本上还是收益和成本的问题。要解决这件事情,我认为其核心在于,做这种小微金融是完全不同于做公司金融的一种技术。邮储银行从2007年开始探索这样的技术,我们自己总结是一种交叉验证的技术。刚才我也听了几位嘉宾的演讲,其实大家觉得方向都是一样的。做公司金融、做公司贷款是基于财务报表的分析,分析出它的实际能力。小微金融我们就要用交叉验证的技术,通过非财务信息总结出小微企业的财务信息,通过多方验证来验证它的财务信息。如果要想做到这一点,我觉得对银行是有几种要求的。做这种小额贷款,一定要离自己的客户近。如果离客户不够近,就没有手段得到我刚才说的真实的财务情况,因为这些真实的财务情况没有人给你提供报表,或者提供出来的报表也是不可信的,需要很多交叉验证的手段。当然也不能太近,尤其是银行从业人员不能与客户有太多的工作之外的亲近关系,否则容易产生寻租问题。

在邮储银行要走这条普惠金融的路时,我们分析了自身的优势。我们的网点充足,而且是一家新机构,人员可以从头培养,这样我们的人员就有放下身段服务小微企业的意愿。还有就是我们依托于邮政的大网,有很多途径能够接触到客户,能够得到很多非金融、非财务方面的信息。所以,五六年走下来,我们觉得,如果具备了意愿和能力,银行做普惠金融还是可以持续下去的。这五年来,邮储银行已经发放了1200万笔、共计1.3万亿元的信贷资金,单笔的资金是10万元，基本上也是属于非常小微的领域。这1200万笔发放给了约700万客户，主要就是三类人群：农户、个体工商户、小微企业。经过五年多的实践，我们已经初步探索出实现普惠金融商业可持续的经营模式，也特别有信心把这条路走下去。

叶大清：作为一个贷款搜索引擎，我们也对邮储银行做了一些测试，知道它们服务三农、服务小微的产品非常有竞争力。刚才信息不对称、风险管理方面的问题孙总提到了，此外，我还想补充两点：第一点，解决信息不对称问题是一个系统性的大工程。对于个人用户、中小企业、小微企业来说，金融机构的贷款信息包括利息的差别、总贷款成本、放款速度，也有可能是服务质量。我们现在已经建立了一个多层次、多元化、多区域的金融贷款产品的信息库，包括大银行、外资银行、城市商业银行、邮储银行和小额贷款公司的各类产品。目前的情况是，即便有这么多金融机构和产品，用户也不容易获得上面提到的利息、放款速度、服务质量等准确信息。融360公司做的是个性化的推荐，针对不同个人和中小企业的需求，准确提供这些信息，让用户来选择金融机构。

第二点，刚才我提到过，在全国的一些城市，通过融360公司的网络申请贷款的用户，30%是中小企业，但是在另一些城市，例如无锡等中小企业多的地方，还有40%的贷款需求没有任何一家银行的贷款产品能够满足。这就是需求和供给的不对称。作为一个平台，融360公司做的是整合更多的银行产品，让更多的银行上我们的平台。我们与银行合作开发新产品，把产品的信息标准化，让用户更容易了解产品，让他们有更多的选择。

在中国，能够为上千万数量级别的小微企业、中小企业提供金融服务的机构几乎还没有。民生银行放了将近三千亿的商贷通，其实用户数量也不到百万级别。美国有几百万中小企业用的是零售银行,比如花旗银行,有着上万亿的贷款业务。做百万级别用户和千万级别用户的零售银行业务的难度是不一样的,大零售业务需要信息技术、大数据和互联网,需要建立模型,需要依靠产业链的支持和服务体系。我们融360公司是一个金融互联网公司,是金融服务产业链的一部分。我们融360公司说去年是金融互联网的元年,我们希望今年是金融服务业、金融普惠服务的元年,希望新年开始,在北大的论坛,与同行一起交流如何提供普惠金融服务。

刚才我谈到一点,就是一定要通过信息技术,通过流程管理,通过专业的人才解决信息不对称和风险管理问题,让更多的金融机构提供创新产品给中小企业,进而解决中小企业贷款难的问题。

我觉得中国迟早会出现能够服务上千万中小微企业、个人的金融机构,只是这样的金融机构需要多长的时间才能出现,是很难讲的,可以说是任重道远。在座的都是普惠金融服务的先行者,让我们一起来培育这个市场,谢谢!

孙立文:做了八年普惠金融服务,我一直不敢提自己是金融服务,之前我们一直定位为中介服务,今天在座的只有邮储银行可以提金融服务,我们不敢提。

关于风险问题,普惠金融服务的市场确实很大,福元运通投资管理有限公司这八年就做一年以下的10万—3000万元的贷款中介服务,我们永远把自己定位为第三方、丙方,我们为乙方进行理财服务。把自己定位好了很有好处,能解决很多中小微企业拿什么来还钱的问题。中国的中小微企业主很可怜,他们不是穷人,都是正在经营中的富人,他们只为了10万元或者30万元的流动资金跟银行借半年,但银行无论如何也不会放款。现行商业银行的体制完全不足以支撑普惠金融。一个信贷人，放 1 亿元的贷款，跟 10 万亿元的贷款，要承受的风险一样大，或者流程一样多，他何必要做这 10 万元的贷款，何必要做半年的贷款？所以，商业银行的体制不变，就很难为中小微企业服务。当然，邮储银行除外。

解决拿什么还钱的问题是最主要的。我们福元运通投资管理有限公司八年运营了 20 多种理财产品，服务了 9 万多个中小微企业，就解决了这一个问题，要相信民营经济的生命力非常强，它的业务流程比商业银行要多得多、严谨得多。民间金融中介服务的坏账率一点都不高，反而很低，所以不要认为普惠金融有很多风险，如果这么想，就没法做了。所以，从主观、客观上讲，经过八年的实践，我们认为当中国的中小微企业需要钱的时候，它们的信用是非常好的。中国的大部分老百姓都不懂高利贷，有的说比银行的存款利息高就叫高利贷。而我们国家规定银行同期贷款利率的四倍是合法的，四倍以外才是高利贷行为。

我们现在必须要普及普惠金融。这是一个体系，要从基础的知识开始普及。我们八年以前做的时候不敢提普惠金融服务，今天我们敢提普惠金融服务了，这就是一种进步，谢谢！

孙陶然：我也补充一点，我们在做企业的时候，感觉到现在很多制度和规则都是十年前，甚至十五年前制定的。时至今日，制定的时候很多没有的技术产品形态已经出现了，但这些制度还没有改。没有改就意味着这些东西一做就违规了。

叶大清：我们现在银行业的一些法律法规，包括一些现行制度还是计划经济遗留下来的产物。过去十多年做了很多银行改革，但现在的一些政策还是扶持金融巨头或者大银行。其实中国需要的不是金融巨头，更需要建立金融服务体系，尤其是普惠金融服务的一个生态链或产业链。我们希望这个产业链比较齐全,有各种类型和规模的金融机构,能够高效地服务于目标群体。我们要有一个产业链或者生态链的思想,这样才能真正服务于几亿中产阶级、有金融服务需求的用户、四千多万中小企业和几千万个体户。这个任务很艰巨。刚才我提到生态链,也包括金融机构和服务商,从某种角度而言,第三方服务商也是金融服务的一部分。像融360公司是做贷款的搜索和推荐服务的,我们也需要一些其他的价值链的服务商,比如做风险管理的专业公司,专门提供风险控制模型或者数据分析等服务,也包括为银行设计产品服务。

姜万军:刚才大家提到的是客户和银行之间信息不对称,信息核实和沟通成本很高。其实,不同金融机构之间的信息也是相对封锁的,缺乏适宜的共享机制。这个问题有没有办法突破,或者说,解决的困难在哪儿?

孙立文:在这八年的过程中,我们认为银行是我们最大的放款客户。所以,我们跟各地的银行没有任何竞争关系,都是合作关系。比如说,你到银行贷款,拿着自己的资料去了,银行一审核发现三个月前你的信用卡忘还了。你所有的资质都非常好,就是因为信用卡有两期没有还,就出现在银行的黑名单上,这种情况下,再好的条件想贷款也不可能。这时候,银行可以把这个业务转到我这里来,我可以给他做,没有问题。此外,老百姓去银行贷款很难,但是到我们这样的中介服务机构就比较容易。我们给要借款的中小微企业主做贷款,我认为他们符合银行的借款条件,但就是从银行拿不到钱。所以,我认为银行现在的这套中介体系远远不够,做金融中介服务,要调查一个借款客户,银行的信用体系是基本的条件。当然,还有这个人以前有没有触犯国家的法律,我们都会做一套系统的调查,这套调查很多外包机构都可以做到。我们这样一个机构,如果在未来能够理性地发展,我想随着中国的金融体系建立,应该有利于普惠金融的发展,谢谢!

叶大清:刚才您的问题就是有些用户存在多种需求,从多家银行贷款,怎样来管理。我们先从用户的角度来看,作为中小企业或者个人,可能需要多种用途的贷款,也可能在不同时期有不同的需求,需要从不同机构申请并获得贷款。风险管理需要对用户信息的全面性、准确性以及实效性进行把握,通过大数据分析,建立风险预测模型、高效的风控机制和服务体系。我们看到一些大的金融机构,可能因为历史或体制原因,业务的侧重点没有在小微企业和小微贷款方面,也没有做小微业务的人才和经验,没有基础设施和技术来管理风险并做有效的营销。这就需要行业的合作、产业链的合作,分享信息才能解决您提到的这些风险问题。

李静姝:我觉得解决这件事情是"一大一小",改善大环境,开展小合作。大环境就是这种社会信息整合的大环境,也是我们整个社会诚信体系、信用体系建设的大环境。对银行来讲,我们特别呼唤整个社会的信用体系能够更加完善,更加全面。当然,作为一个银行从业者,我一直也在使用各个部门提供的各类信息,包括最权威的中国人民银行的征信信息。我们也感受到中国人民银行征信信息的内容在不断变化、不断丰富、不断完善。

当然,在使用这些信息的过程中,各家银行的尺度是不一样的。社会的信息提供给每一个使用者、每一个机构、每一家银行,但每一家银行对待每一个客户的信用报告评价的方式不一样。如果想做小微金融,一定要容忍小微企业信用报告的不完善和瑕疵,这是我们做了五六年的一个深刻的体会,对银行来讲,如果教条地纠结于信用报告,那就走不了普惠金融的路。

还有就是开展小合作,今天参加咱们这个论坛我们也有很大的收获,也确实感受到咱们北大光华新年论坛办得非常好,让我们从银行的角度找到了更多做普惠金融的合作伙伴。区域性的这种小合作,对于完善普惠金融的服务能力,我认为是非常有必要的。所以,接下来我们也会不断地尝试。

孙雷:刚才姜老师提到这个问题,我发表一下观点,怎么解决信息不对称。其实从根本上来说是很难解决的,但是有一些方式可以尽量缓解这个问题。第一,银行征信体系,我个人认为征信报告虽然有这样那样的问题,但是有非常大的突破,能够把各家银行的征信信息联系起来。第二,银行外部能不能由协会发挥作用,建立征信平台。现在安徽省的小额贷款协会,正在做安徽省的小额贷款公司的信息征信平台,这个协会就能够促进信息共享。有些公司怕泄露信息,我们可以把联系方式做一些处理,但是本身征信的情况大家都可以看。所以,发挥协会等民间的力量也可以缓解信息不对称。第三,刚才姜老师提这个问题时,我突然意识到,这是一个大市场,里面有很大的商机。如果哪家公司、社会机构利用科技手段做金融信息的服务商,可能会有一个很大的需求。无论是银行、小额贷款公司、民间的机构还是个人,都希望像百度、谷歌搜索信息一样搜到希望得到的征信情况,以便做出决策和判断。

所以,我感觉这是一个大行业、大生意,在座的各位如果有兴趣,我觉得可以在这里面看到一个很大的蓝海,它恰恰跟做小微金融不一样,别的人做小微金融放贷款,他做信息。比如有些信息我可以与各位分享,据我们掌握的信息,建筑行业的小微企业的不良率贷款率非常高,为什么？它存在很多压款现象,现金流出现断裂,就会出现很大的不良贷款。第二个行业是制造业,现在制造业利润越来越低,而且很多出现上下游赊账、欠账。第三个是类金融服务行业,这是从一家银行的机构数据统计出来的,通过研究它的不良率发现,凡是从事类金融服务的这些人或者企业的贷款不良率都很高,也许是他们故意,也许是他们本来把这些钱拿去再转贷,造成客观上不能还。而且这不是一个区域,是全国各个地方都有这样的信息,我们调研了23个城市,把银行的整个数据做了一个处理分析。那比较低的是什么呢？租赁行业,其不良贷款率非常低,农林行业的不良贷款率也很低,因为其中很多不是赊账,而是现金往来,是有稳定流水的。其实小微贷款整体的状况还是比较好的。

所以,我想,孙陶然师兄的企业里面存在大量的小微金融的贷款客户,他又有支付,又有稳定的现金流,又可以监视到流水,这就是一个很好的产品,是一个产品的创新。我们本身也在跟第三方支付公司做这方面的事情。从各种角度来看,它的不良贷款率为零,因为我时刻监控它的流水和还款来源,流水达不到,我就得警惕了,这就是一个很好的合作。

另外,在具体的合作方式上,我认为有两种具体的小的方式,可以解决信息不对称。第一种是圈链营销,商圈、供应链,大家在一条供应链上,彼此熟悉,可以减少信息不对称。比如海尔的供应商里面,如果你了解供应商的信息,一个闭环就能减少信息不对称。第二种是互动合作社的营销,不是简单的联保、担保,几家银行率先突破了这一点,开始找互助基金、互助社,以行业、商会抱团取暖,大家都来共担有限责任的风险。现在互助合作社,每家只交10%、20%,如果出问题,把10%、20%赔掉就完了。所以,为了解决信息不对称,可以组织若干个企业的互助合作社,抱团取暖,共建信用体系,在一个圈子里面了解它的信息,谢谢!

嘉宾介绍

孙雷 北京玖富时代投资顾问有限公司创始人、总裁

本科毕业于北京大学光华管理学院金融学专业,北京大学光华管理学院EMBA在读校友,美国注册理财规划师。曾担任香港上市公司高阳控股金融事业部总经理、董事长助理,中国民生银行总

行零售事业部流程银行再造组组长,工商银行、农业银行、中国银行、华夏银行、民生银行、光大银行、徽商银行等总行零售网点转型咨询项目总负责人。

李静姝 中国邮政储蓄银行北京分行副行长

北京邮电大学工商管理硕士。2007年5月—11月,任北京邮政储汇局副局长;2007年至今,任中国邮政储蓄银行北京分行副行长。从事多年小微金融工作。

叶大清　融360公司联合创始人、首席执行官

有14年金融业和互联网业的经验。在联合创立融360公司前,曾任全球互联网和移动支付的领导者PayPal中国区市场总经理,负责PayPal中国市场战略和跨境电子商务市场培育。曾任美国运通多渠道营销总监,美国在线高级市场经理,美国第五大零售银行第一资本市场分析、信用管理、风险战略和分析等职位。获湖南大学工学学士学位,乔治·华盛顿大学金融硕士学位。

孙立文　青岛福元运通投资管理有限公司董事长

1990年从国有企业进入商海,先后涉足汽车、房地产、家电零售、贸易等多个行业,同期发起成立了多家企业,2005年成功创立福元运通投资管理有限公司,专攻个人理财和中小微企业融资难问题,并担任青岛福元运通投资管理公司董事长。凭借非凡的商界业绩和突出的社会贡献,先后荣获现代服务业"新锐企业家"等荣誉。

江明华　北京大学光华管理学院教授、EMBA中心执行主任

北京大学管理案例研究中心主任,北

京大学光华管理学院品牌管理研究中心主任。先后作为访问学者访问英国赫特福德郡大学商学院和美国西北大学凯洛格商学院。主要从事市场营销领域的教学和研究。主要教学课程有："营销管理与分析"、"品牌管理"和"营销专题研究"等。主要研究成果："Relations among Attractiveness of Endorsers, Match-up, and Purchase Intention in Sport Marketing in China"、"Medals in Transition: Explaining Medal Performance and Inequality of Chinese Provinces"、"金钱和信用态度影响信用卡透支的实证研究"、"价格促销的折扣量对品牌资产影响的实证研究"等发表于 Journal of Consumer Marketing、Journal of Comparative Economics、《北京大学学报》、《管理世界》和《金融研究》等国内外学术期刊上。

姜万军 北京大学光华管理学院金融学副教授、责任与社会价值中心副主任

教授的课程有："企业价值评估与价值创造"、"企业社会责任与持续发展"、"风险管理与保险"。主要研究领域为：企业理论与公司结构治理，中国企业的社会责任评价与提升策略，风险管理理论与应用研究，企业价值评估与价值创造对策等。目前正在主持国家自然基金项目"动态环境下企业责任（CR）的外部治理机制研究"。

分论坛四总结

在国外,随着全球化和社会的不断进步,企业社会责任越来越成为社会各界广泛关注的重要话题。对于金融业而言,自2008年全球金融危机以来,金融企业作为全球经济危机的"肇事者"受到了前所未有的诟病。美国甚至普遍出现了针对金融业的"占领华尔街"等极端行动。在这种背景下,金融企业如何应对危机,切实履行社会责任,成了其无法回避的使命。但是,企业社会责任不是空泛的"道德说教",金融业如何更好地承担社会责任,回归金融业的本质,是各国金融业面临的共同问题。

中国经过改革开放三十多年的高速发展,资源、环境、社会公平等压力日益凸显,人口和改革红利逐渐消失,经济转型越来越成为中国经济持续稳定发展的瓶颈。在此进程中,中小微企业的繁荣和健康发展,越来越成为经济持续成长的主要推动力。金融业的社会责任应该体现为:转变观念,大力发展普惠金融,真正做到让那些有真实需求的所有企业和个人,能够以合理的价格,方便地和有尊严地获取全面的、高质量的金融服务。具体而言,金融企业应如何为中国经济转型服务,特别是如何进行机构创新,推进小微金融的发展?如何构建中小微企业与新金融机构共同繁荣的创新发展机制?

如何引导小额贷款公司等各类新型金融机构有效运营并进行投融资理念创新？这些都是需要我们认真思考和回答的问题。

在本论坛中，各位嘉宾针对上述问题展开了深入讨论，主要观点包括：

（1）企业社会责任不是"道德谴责"和"说教"，也不是单纯的"捐赠"。企业的社会责任应有三个层级——第一层级是市场责任或者叫产品责任，企业要生产出对社会有价值的产品；第二个层级是员工责任，企业要促进员工发展，并使员工过上更好的生活；第三个层级是理想追求，企业应该能够对社会和科技的进步做出正向的贡献。

（2）普惠金融的发展需要政府的政策倾斜，应该允许民间金融存在，使民间金融阳光化、规范化、制度化、法律化，从而形成多层次的金融组织和金融体系，只有这样才能做到真正的普惠金融。

（3）普惠金融是未来银行等金融机构发展的必经之路。随着利率市场化的进程不断加快、新的资本管理办法开始施行、大企业直接融资渠道的不断拓展等外部经营环境的改变，银行等金融机构服务大客户的可能性和利润空间越来越窄。金融企业需要尽快认识到这种不可逆转的趋势，转型普惠金融服务，实现自身的可持续发展。

（4）金融企业开展普惠金融业务，需要彻底改变观念，改进工作作风：要"弯下腰来"做小微，"趴在地上"做小微，"把手弄脏"做小微。

（5）推行普惠金融服务，面临的借贷双方信息不对称，以及相应的资金风险聚集等现实困难，需要借助信息技术等新科技手段、低成本地搜集和积累数据等技术创新手段以及金融机构之间的信息共享机制等制度创新来解决。

总之,金融业的社会责任在于,回归其融通资金的本质,真正做好时间和空间上的资本融通,切实为经济转型和社会进步服务,而不是热衷于脱离实体经济需求的"金融创新"。为了金融业自身的持续健康发展,金融业也必须转型普惠金融服务,借助制度创新和技术创新,为那些为数众多的中小微企业和普通公众提供新产品。

附录：社会责任价值报告简介

编制发布社会责任报告或可持续发展报告，是透明和负责任的组织公民行为。报告向外界传递的信息，是承诺履行社会责任的行动声明，是自觉接受社会监督的意愿表达。

北京大学光华管理学院在践行使命、追求愿景的过程中，意识到社会责任的重要性，在学生价值观培养和社会责任研究等方面积极进行探索，力求将社会责任理念融入学院工作的各个方面。

在构建商学院社会责任报告的内容框架时，我们力求保持国际视野，主要参考PRME(The Principles for Responsible Management Education)和ASPEN理念与评价体系，即"负责任的商学教育"。同时，在借鉴GRI-G3、ISO26000等国际规范和实践的基础上，确定编制《北京大学光华管理学院社会责任价值报告2012》的基本思路：

- 秉承ISO26000有关"组织责任"的核心理念
- 采纳ASPEN评价商学院社会责任表现的内容结构
- 参考GRI-G3标准披露方法
- 结合商学院运行的自身特征

《北京大学光华管理学院社会责任价值报告2012》的数据截止

日期为 2012 年 8 月 31 日,主要信息来源有:

- 北京大学光华管理学院官方网站的教师个人主页
- 北京大学新闻网、光华管理学院相关职能部门以及网络搜索
- 北京大学学位论文数据库
- 中国知网(http://www.CNKI.net)